"十四五"普通高等教育本科部委级规划教材

大学生就业指导

金　新◎主　编

谷　丽　李双祚◎副主编

中国纺织出版社有限公司

内 容 提 要

本书共七章，包括就业指导概述、职业素养、职业探索、职业生涯决策、求职准备、权益保障与风险应对、角色转换与心理调适。全书通过理论阐释与实务指导相结合的方式，为大学生提供全方位的就业支持，既包括职业生涯决策的宏观思考，也涉及简历制作、面试技巧等具体操作，同时关注法律风险防范和就业心理调适等现实问题。

本书既适合普通高等学校的学生学习使用，也可供从事就业指导的教师阅读参考。

图书在版编目（CIP）数据

大学生就业指导 / 金新主编；谷丽，李双祚副主编.

北京 ： 中国纺织出版社有限公司，2025. 8. --（ "十四五"普通高等教育本科部委级规划教材）. -- ISBN 978 -7-5229-2992-7

Ⅰ. G647.38

中国国家版本馆CIP数据核字第2025AD0213号

责任编辑：由笑颖　　责任校对：李泽巾　　责任印制：王艳丽

中国纺织出版社有限公司出版发行

地址：北京市朝阳区百子湾东里 A407 号楼　邮政编码：100124

销售电话：010—67004422　传真：010—87155801

http://www.c-textilep.com

中国纺织出版社天猫旗舰店

官方微博 http://weibo.com/2119887771

天津千鹤文化传播有限公司印刷　各地新华书店经销

2025 年 8 月第 1 版第 1 次印刷

开本：787×1092　1/16　印张：12.25

字数：203 千字　定价：49.80 元

前　言

随着我国社会经济的发展，大学生就业压力不断加大，因此高校需要对学生进行专业的就业指导，帮助学生进一步了解自身能力，从而缓解就业压力。虽然有的学校在学生就业方面取得了很好的成绩，但仍存在一定的问题。如大学生对就业指导的重要性缺乏足够的认识，就业指导队伍专业水平不高等，都不利于大学生就业指导工作的开展。

就业指导是为了帮助大学生更好地了解自身特点，正确认识社会需求，选择有利于个人发展的职业，同时为大学生的职业发展提供有效的指导，促进大学生最大限度地发挥个人价值。当前，机关单位和企事业单位的就业竞争非常激烈，需要大学生具备良好的终身学习能力，并且能够合理地进行职业规划，因此就业观念指导对大学生来说，具有非常重要的意义。

本书是在充分考虑高校大学生群体的特点和求职择业的实际需要的基础上编写的，全书共七章，内容包括就业指导概述、职业素养、职业探索、职业生涯决策、求职准备、权益保障与风险应对、角色转换与心理调适。本书编写的主要目的是帮助大学生正确认识当前就业形势，了解就业政策，树立正确的就业观念，着力提高大学生的求职能力和职业适应能力，为其顺利就业、走向社会提供指导。本书结构清晰、内容翔实，注重理论与实践、普遍性与特殊性的结合，兼具全面性、系统性、实用性等特点。

本书在编写过程中，参考和借鉴了一些知名学者和专家的观点及论著，在此向他们表示衷心的感谢。由于水平有限，书中难免存在不足之处，希望各位读者能够提出宝贵意见，以待进一步修改，使之更加完善。

金新

2025 年 5 月

目 录

第一章　就业指导概述

就业指导概述

第一节　大学生就业指导的含义、主要内容及方式

一、就业指导的含义

劳动者为了维持生活，实现自身价值，为社会做出贡献，就需要选择最能发挥自身才能的职业，与生产资料和工作岗位全面、迅速、有效地结合。为这种结合开展的教导性工作就是就业指导。

就业指导有狭义和广义之分。狭义的就业指导是给求职择业的劳动者传递就业信息，为其与职业的结合提供中介服务，帮助劳动者求职择业，实现就业。广义的就业指导是为劳动者选择职业、准备就业以及在职业中求发展、求进步提供知识、经验和技能。就业指导的过程包括预测就业市场——汇集、传递就业信息，开展就业政策咨询，进行思想教育，培养劳动技能，组织劳动力市场，以及推荐、介绍和组织招聘等与就业有关的综合性社会咨询服务活动。

二、就业指导的主要内容

大学生是我国人力资源的重要组成部分，是社会主义现代化建设的重要力量，是国家宝贵的人才资源，是我国实现跨越式发展的重要力量。然而，随着高校毕业生就业制度的改革及就业形势的变化，大学生就业难的问题日益突出，就业形势日益严峻。在当前形势下，积极做好大学生就业指导工作，引导和帮助大学生顺利就业、正确就业、成功创业，是解决大学生就业难问题的一个重要途径，也是帮助大学生实现全面发展的重要手段。

大学生就业指导课是帮助大学生设计职业发展计划，了解国家的就业方针政策，树立正确的就业观，促进和帮助大学生顺利就业的有效手段，其主要内容有以下七个方面。

（一）就业政策指导

就业政策指导是就业指导的基础。宏观政策和产业变迁的内容，对于大学生顺利就业、走好职业生涯之路具有重要的参考价值。一些大学生不清楚相关的政策规定，不了解自己有哪些权利和义务，更不知道应该如何行使自己应有的权利。就业政策指导可以帮助大学生克服择业时的随意性、盲目性和片面性，走出择业的"误区"，消除大学生择业时的困惑和幻想，增强择业的有效性，提高择业的成功率。

（二）职业生涯规划指导

职业生涯规划是人生事业的开端，职业选择的差异在一定程度上决定了一个人的命运，所以职业生涯规划对大学生至关重要。职业生涯规划是指导大学生在自己的职业生涯中不迷失方向，在职业变化中坚定自己的职业理想，坚持努力实现人生价值的重要内容。

（三）就业信息指导

就业信息指导是就业指导的重点，能够及时掌握社会需求信息、用人单位信息、招聘信息，已经成为大学生找工作时的关键所在。学校和就业指导部门只有搜集和掌握广泛的社会需求信息，才能为大学生创造尽可能多的就业机会，也才有可能对大学生进行就业指导。

（四）就业思想指导

就业思想指导是就业指导的中心，其内涵有以下三点。

（1）帮助大学生树立正确的择业标准。

（2）帮助大学生树立高尚的求职道德。

（3）帮助大学生选择正确的成才道路。

（五）就业技巧指导

就业技巧指导是就业指导的基本内容之一，一般来讲，面临就业选择的大学生普遍有惶恐感。就业技巧指导主要是帮助大学生认识自己的择业条件，掌握自我推荐的方式、应聘和面试的技巧，树立竞争意识、把握机遇意识。这样，在求职择业中就能掌握主动，突破求职障碍。

（六）就业心理指导

就业过程中遭遇挫折是正常的，但部分大学生对此处理不当，出现焦虑、烦躁等心理过激反应，甚至出现严重的心理失衡现象。对这些问题的处理，需要就业指导教师介绍一些心理调适的方法，引导大学生正视自我、正视现实、不怕挫折、面向未来，以良好的心态迎接挑战。就业过程中的心理调适包括心理咨询、心理辅导和集体授课等形式，需要根据实际情况灵活处理。

（七）认识社会职业和社会需求

对社会职业和社会需求的认识是大学生选择社会职业的前提。引导大学生认识社会职业和社会需求，需要从以下几方面进行：提供用人单位的详细信息，提供用人单位的需求信息，提供社会职业对专业、知识结构、能力结构的要求，提供对上述信息的分析方法。就业指导应提供基本的分析方法作为大学生认识社会职业和社会需求的入手之策。

三、就业指导的主要方式

一般来说，大学生就业指导常采取集体指导与个别指导、日常指导与集中指导、校外指导与校内指导相结合的形式。当然，采取哪种方法，还要根据具体情况而定。主要有以下几种方式。

（一）开设就业指导课或系列讲座

（1）分析就业政策与形势，帮助大学生正确分析形势，掌握政策，把握社会需求，调整择业期望。

（2）择业技巧指导，包括自荐方式、求职信的写法、面试常识、礼仪常识、个人资料准备等。

（3）信息收集与处理，包括信息渠道、信息节选、有选择地确定目标、利用有效的信息进行较合理的决策。

（4）择业心理调适，对自卑、自负、挫折等择业心理现象做出正确分析，帮助大学生调整心理状态。

（5）进行必要的集中教育，帮助大学生树立正确的职业道德观，为走向社会做准备。

（二）开展择业咨询

回答大学生就业的有关问题，为其选择职业提供一些意见和建议。咨询的内容包括职业信息、自我评价、就业政策、择业方向等。

（三）请有关人士介绍经验

可以请专家、教授、校友、成才者现身说法，介绍我国及世界教育发展的形势，本校及国内其他院校的发展情况，以及个人工作中的经验和体会。通过实际情况介绍，用榜样的力量引出社会需要什么样的大学生，以及如何在实际工作中发挥才干，努力成才等结论，这是有针对性地开展就业指导的重要方法。

（四）活动指导

根据教材内容编排一个模拟情景，以最接近真实情况的设计，让大学生参与到模拟场景中，扮演求职者角色。这种形式可以使大学生仿佛置身于人才交流会、面试等场景，对其求职知识的运用、求职心态的调整、决策能力的训练、价值观念的澄清等都有课堂教育难以达到的效果。通过参观、兼职、试工等形式，大学生可以亲临工作现场，增进对职业的感性认识。劳动实习也是一种最为直接的职业教育形式。一方面，大学生可以亲身体验工作职位的需求，另一方面，可以在劳动实习中检验自己的各种素质，以作为进一步调整与改进的依据。

（五）发挥媒体的作用

可以利用各种媒体营造就业指导的舆论氛围，潜移默化，增强日常就业指导的渗透性和广泛性。如利用校刊、广播和相关社团刊物，有导向性地进行就业指导。同时，还可以利用大学生的校园文化活动，由他们开展有关择业的活动，如举办模拟招聘活动、"大家谈就业"征文活动等，引导大学生开展讨论，充分调动其参与积极性。

第二节　大学生就业形势分析

职业是一个人安身立命之本、施展抱负之基、成就自我之途。选择了一种职业就是选择了一种生存方式、一种生活甚至一段人生。可见，职业选择对于人的一生有着重要的影响。但是由于多种原因，大学生就业难已经成了一个不争的事实。

一、大学生就业的有利形势

（一）人口结构变化使劳动力供给增长放缓

当前我国劳动力市场结构性变革已呈现出明显的阶段性特征。在人口基本面层面，劳动适龄人口总量已进入下行通道，这直接改变了劳动力市场的供需格局。从新增劳动力供给结构观察，大学生占新增劳动力的比重已攀升至50%左右，与此同时，农民工群体特别是跨省流动农民工规模增速呈现显著放缓态势，逐渐趋于稳定状态。尽管新型城镇化进程持续释放农村剩余劳动力，且劳动力整体素质不断提升，但这两大积极因素仍难以完全对冲劳动人口规模缩减对经济增长产生的负面效应。这种人口结构转型与人力资本提升之间的动态平衡，正在重塑我国经济发展的基本面。

（二）经济新常态导致就业结构发生变化

我国经济发展从传统的要素驱动向创新驱动转变，是经济新常态的反映。我国的经济新常态有四个典型特征，即我国经济正在从高速增长转向中高速增长；经济发展方式正从规模速度型粗放增长转向质量效率型集约增长；经济结构正从增量扩能为主转向调整存量、做优增量并存的深度调整；经济发展动力正从传统增长点转向新的增长点。因此，认识新常态、适应新常态、引领新常态，是当前和今后我国经济发展的大逻辑。

传统上，我国就业扩大主要依赖的是经济增长速度。但在经济增速逐渐下降的情况下，开始更加依赖于经济结构的优化和升级。经济增速的下降未削减就业扩大的动力，其原因就在于产业结构的优化和升级，大大抵消了经济增速下降给就业带来的冲击。事实上，由于产业结构的调整，第三产业的就业吸纳能力大大增强。随着资本投入的加大和技术、机器设备的换代升级，很多传统制造业通过"机器替代人"的方式降低了对劳动力的需求。但是，电商、游戏等在互联网浪潮下趁势崛起的新产业以及一些自主创业衍生出的新业态对就业展现出了相当大的吸纳力。同时由于大众创业万众创新战略的实施，激发了全民创新创业的活力，全国新增创业企业数量逐年攀升，创新创业对就业的吸纳作用明显。

（三）非公有制经济单位对大学生的需求急剧增加

非公有制经济作为社会主义市场经济的重要组成部分正飞速发展，并在国民经济中占有越来越大的比重。特别是东南沿海等广大较发达地区的非公有制经济迅速增长，对大学生的需求急剧增加。非公有制经济单位对人才的需求也越来越受到大学生的重视。

（四）高新技术企业对高新技术人才需求量增加

随着知识经济成为现今世界经济发展的主流，高新技术企业在我国飞速发展，其对高新技术人才的需求量逐步增加，因此与高新技术有关的大学生在人才市场上非常"紧俏"，如计算机应用、计算机软件、通信工程等专业在需求量排序中名列前茅。目前，各地区、各行业都在积极吸引高新技术人才，争相提供优厚条件，为其创造良好的工作、生活和学习环境。

（五）中西部和三、四线城市用人需求旺盛

20世纪末，国家开始大力实施西部大开发、中部崛起和振兴东北老工业基地战略，中西部地区经济发展加速，用工需求旺盛，工资水平不断上涨，与东部地区的差距缩小。

（六）我国社会对知识和人才越来越重视

根据国民经济和社会发展的要求，我国经济建设将转移至主要依靠科技进步和提高劳动者素质的轨道。目前，我国中小企事业单位技术管理人才奇缺，严重制约了其发展步伐。许多单位超编严重，但高层次人才和技术人才奇缺，科技创新能力不强，导致企业竞争力低下。因此，企事业单位对"质量就是生命，人才就是效益"已逐步达成共识，"尊重知识，尊重人才"已在我国蔚然成风，大学生有了越来越多的用武之地和广阔的发展前景。

（七）大学生就业市场已经初步形成

以各高校为主体的校园招聘活动已经具有一定的规模，高校就业信息网开始发挥积极作用。随着大学生就业制度改革不断深化，大学生就业的供需信息渠道不通畅、信息量不足的问题将会得到解决。与此同时，大学生就业指导越来越受到重视。不少高校开办讲座、开设就业指导课程，这对帮助大学生成功就业起到良好的促进作用。

二、大学生就业的不利形势

（一）就业人数增多

近年来，大学生就业现状和前景逐渐成为社会普遍关注的一个话题。那么，大学生就业到底面临怎样的形势呢？目前，大学生求职的成本和时间有所增加，难度也有所增大，在这种状况下，了解就业环境是非常有必要的，这样才能在求职时做到有的

放矢。

随着经济和各项事业的不断发展，我国高等教育已从传统的精英化模式向现代的大众化模式转变。

在大众化教育阶段，接受高等教育成为多数人的权利，因此，与精英教育阶段相比，大学生不再是计划经济体制下的"精英"和"宠儿"，也要公平地参与社会竞争，实行双向选择，自主择业。

（二）我国就业岗位相对不足

1. 我国就业弹性系数下降

国内生产总值（GDP）增长一个百分点，带动就业增长的百分点即就业弹性系数。系数越大，吸收劳动力的能力就越强。近几年，我国就业弹性系数一直走低。其主要原因是：我国中小企业生存较困难，数量较少，就业容量不足，吸收劳动力的能力不强。

2. 劳动密集型企业数量少

人民币升值、金融风险压力增大，导致劳动密集型企业受到影响；科学技术的发展使高新技术产业比例增加，从而导致劳动密集型企业数量减少，从业人数减少。

（三）就业市场步入"买方市场"

在精英教育阶段，高校毕业生供给小于社会需求，大学生处于"卖方市场"。但是当高等教育迈向大众化教育阶段时，大学生紧缺的时代一去不复返，大学生与市场需求逐渐呈现"供需平衡"，直至"供大于求"的状况。此时，大学生就业基本趋于市场化，价格机制在就业市场中的调节作用越来越大，在今后很长的一段时间内，大学生将处于"买方市场"。

现在，大学生层次间的较量是一个较明显的趋势，同层次、同专业大学生的培养质量和特色竞争将格外激烈。这样一来，一部分大学生通过竞争将成为社会的精英，同时也必然会有一部分大学生从事与大众化相适应的"蓝领工作"。

由此可以看到，在目前的大环境下，大学生在求职时要客观分析个人条件，不要好高骛远。

（四）用人单位更加重视求职者的能力而非学历

任何一项工作都要有人去做，只要努力用心，任何一项工作都可以做得非常出色。不要太在意企业的性质、福利等客观因素，最重要的是找到一个适合自己发展的平台。

过去，我国大部分企业都会对求职者的学历做出硬性要求，求职者学历越高，就业就越容易。求职者文化程度的高低成为企业选才用人的重要参照因素。但是，近年来，用人单位要求由原来的侧重求职者学历水平，开始向注重求职者的实际工作能力和综合素质等方面转变。学历因素对求职者的影响略有下降。

各类企业和机构在招聘人才时，会同时评估大学生的能力和学识水平，所以为了寻求一份好工作，大学生还应该在提升自身能力水平上下功夫。

（五）大学生就业观念发生调整

当代大学生就业价值取向发生了很大的变化，从以前追逐大城市、企事业单位，转为到一些中小民营企业、基层单位就业。就业压力使大学生改变了以往的就业观念，主要表现在：第一，就业单位的选择范围不断扩大。外企、民营企业由于国家政策的扶持以及发展速度的迅猛，成了大学生就业的热门选择。第二，在就业时，大学生更多地关注未来工作的发展前景。大学生的数量持续增加，大部分大学生开始看重自己成长过程中的发展机会。

最近几年，在国家政策的宣传和支持下，越来越多的大学生选择到基层单位、西部地区等工作。我国出台的鼓励大学生到基层工作的措施主要有：大学生志愿服务西部计划、"三支一扶"政策、大学生村官政策、鼓励各类企事业单位特别是中小企业和民营企业聘用大学生、鼓励大学生自主创业和灵活就业、为大学生创业提供税费优惠，并组织创业指导、创业培训、政策咨询等活动。

第三节　大学生就业价值取向分析

一、大学生就业价值取向概述

大学生的价值取向是在其行为和意识中所渗透出的价值指向，是大学生在实际生活中追求的方向，是其人生价值目标的选择和人生态度的基本方向。价值取向帮助大学生在遇到问题时了解做事的底线和方向。

大学生群体的就业价值取向受到其就业理想、就业目的、就业要求、就业时间和空间等要素的影响，在就业过程中体现出来的根本看法、态度和信念，是大学生就业时对职业选择和职业发展方向的基本观点和价值判断。大学生就业价值取向是其世界观、人生观和价值观的集合，指导其行业选择和未来发展方向。

本质上，大学生就业价值取向反映了大学生的社会地位、就业和创业过程中的思想意识，是大学生价值观的重要组成部分，同时也反映了大学生的就业需要和社会属性之间的关系，体现其对就业评价、就业选择的总体看法，对大学生的社会职业生活具有重要指导作用。

二、大学生就业价值取向的构成

大学生就业价值取向主要包括专业选择和专业发展期望价值取向、就业获取和岗位期望价值取向以及职业生涯发展价值取向。

（一）专业选择和专业发展期望价值取向

大学生的专业选择和专业发展期望价值取向是指大学生在就业时以自己所学专业与未来从事工作的相关度作为首要考虑因素。这类大学生在自身专业的基础上考虑未来的职业发展，看重自身专业价值和专业成就，价值取向更加理性。高校的主要目的是教书育人，培养出的学生不仅要专业意识强、专业能力和专业技能过硬，同时也要淡化物质利益至上的意识和功利主义意识。当代社会的劳动分工越来越精细化，具有专业价值取向的大学生能够追求个人的专业发展，适应社会的需求，就业价值取向较为理性。

（二）就业获取和岗位期望价值取向

大学生的就业获取和岗位期望价值取向体现出了大学生的功利主义或者物质至上主义的价值取向。若大学生在毕业时将获取薪酬作为首要考虑因素，表明该学生的物质至上主义价值取向较强，经济状况、生存和生活状况是该学生当前最关注的问题。随着社会经济的发展水平不同，大学生的功利主义价值取向也存在不同，在经济发展水平达到一定程度后，虽然不反对功利主义，但是大学生仍要尽量远离功利主义。

（三）职业生涯发展价值取向

具有职业生涯发展价值取向的大学生在就业时会首先考虑未来的职业发展和岗位期望。该类学生认为工作成就感是人生职业发展中的重要因素，在就业时，也会看重个人价值的体现，对个人发展的预期较高。通常具有职业生涯发展价值取向的大学生对社会做出贡献的可能性相对较高，功利主义意识较弱，所以职业生涯发展价值取向对于个人和社会来说均是较为理性的价值取向。

三、引导大学生树立正确就业价值取向的方法

（一）加强高校就业指导教育

高校能够提升大学生的自我认知能力，帮助大学生寻求合理定位。高校在帮助大学生树立正确的就业价值观时，不仅要教给大学生文化知识，还要指导大学生合理定位，正确地认识自己。树立正确的就业价值取向的前提是大学生能够正确、全面地认识自己。

1. 帮助大学生树立正确的就业价值观

高校可以在系统性与实践性的课程中，以讲座的形式，帮助大学生认清当下就业形势，分析个人的优缺点，提高自身综合能力。除此之外，高校的就业指导部门应指导大学生就业，依靠获取的人才市场信息和就业机会，帮助大学生正确定位，进行合理的就业选择。

2. 将大学生就业价值取向教育纳入就业指导课程

目前，高校对大学生的教育不仅包括专业课教育，还包括大学生理想信念、奉献精神、道德品质与创业意识的培养。课程教育的内容需要涉及职业素养与创业意识，使大学生树立正确的就业竞争观念和就业平等观念，最终帮助大学生形成正确的就业价值取向。

高校应当科学优化课程设置，促进教学内容更新，依据大学生培养层次、培养规格、培养目标的差异，有目的地安排课程，而不只是为了使课程变得"高大全"，这样只会使相关课程之间存在着教学内容互相重叠的现象并导致教学资源的浪费。与此同时，高校在课程设置方面，需要注意实现跨学科的交叉互动，积极拓展大学生的思维广度和宽度，使其学科视野得以不断开阔，通过跨学科交叉找到现实中所需的东西，实时发现发展的动态变化，不断提升大学生的专业能力和水平。除此之外，还要不断优化大学生教育结构，重视职业技能教育。尤其是在经济社会快速发展的背景下，面对全球化浪潮的不断推进，人才市场也不断要求对大学生的培养应该侧重应用与开发领域。这就要求高校转变和调整大学生教育结构，以满足不断发展变化的社会需要。

3. 完善就业指导服务体系

首先，高校应建立专门的大学生就业指导机构。目前大多数高校成立了就业指导中心，能够及时有效地掌握就业信息，采用正式与非正式手段加强与就业合作伙伴和单位的联系，如举办校园宣讲会、招聘会等，为大学生提供更多的就业岗位和就业参考信息。其次，建立健全全程化的就业指导理念与工作机制。自大学一年级起，就专门开设大学生就业指导课程，时刻培养、关注大学生的就业意识，了解市场对人才的需求，使大学生在思想上、行动上、学习上形成符合未来社会就业的观念；让大学生能客观地评价自己，从社会、市场、行业等的实际需求出发进行择业，这样可以有效避免形成盲目追求高报酬、高福利的择业观。从事就业指导工作的高校教师，不仅要对当下我国出台的就业政策法规有所了解，还应具有指导大学生科学就业的工作能力与责任心，掌握教育学、心理学、管理学等相关知识。除此之外，教师应该有计划地、积极主动地参加我国就业指导岗位培训并获得资格证书，持证上岗。高校相关管理部门应当充分保证就业指导部门的机构设置与人员配备，根据自身情况与特点，完善办公条件，提供经费保障，促进高校就业指导体系建设完备。

（二）提高大学生自我教育与适应能力

就业对大学生来讲，能够帮助其实现社会价值，体现个人职业志向。通过就业，大学生不仅能获得全面发展，还能不断提升个人素质和实现专业技能的发展。

1. 提高就业选择能力

只有端正择业观念，大学生才能拥有正确的就业价值取向。在实现自身职业目标的过程中，大学生还应该考虑到国家、社会、集体的利益，将服务社会当作择业、就业的主要考虑因素，而不能只在乎个人的就业需要与利益。现实中，就某一具体职业而言，这个职业要满足个人与社会的双重需要。如果个人需要与社会需要之间产生很大的矛盾与冲突，处理不好的话，就会影响个人的顺利就业。因此，大学生在就业过程中，要处理好国家、社会、个人三者之间的关系，结合个人与社会发展需要，在就业、择业的价值取向上做出正确的选择，树立正确的就业理念。

2. 提高专业技能和自学能力

大学生在大学期间通过学习可以掌握扎实的相关领域的专业知识与专业技能，成长为具有专业特长的人才，满足经济、社会和文化发展对特定专门人才的需求，最终为实现个人价值奠定基础。不管大学生性别、出身如何，只有掌握了扎实的专业知识和专业技能，才能实现个人的不断完善与发展。在学校期间，如果大学生只注重学习相关知识而忽略自身其他方面能力的提高，那么在求职过程中可能会遇到很多问题，如语言表达能力弱、不善于展现自我、缺乏社会经验、承受挫折能力较弱。因此，大学生在校期间除掌握扎实的专业基础知识之外，还需要积极参加各种社团活动、社会实践、专业实习，积累社会工作经验，不断提升并完善自身的综合素质。

3. 开展健康的就业心理教育

大学生要树立正确全面的就业观念，就要积极挑战传统观念，将自身价值的实现和社会价值的获得相结合，自主创业；积极加入帮助建设西部边远地区的队伍，提升社会责任感，愿意从基层做起。目前我国就业形势紧张，大学生在就业时会遇到很多不稳定的因素，这些都不利于大学生的顺利就业。很多大学生即使充分预估到就业中存在的压力，可是当实际遇到压力与挫折时，仍然会出现经验不足、承受能力弱、应对能力弱等情况。特别是那些自我控制能力较差的大学生，他们往往更容易出现心理与思想方面的问题，严重的甚至会产生强烈的心理失衡，造成言语与行为上的不良反应。大学生只有树立正确的就业态度，才能积极落实就业行为。拥有健康的心态，需要大学生准确认清就业形势，对自身就业条件有准确、客观的认识，不仅能够准确认识到当前就业过程中存在的不利方面，更要看到未来职业发展的广阔前景，缩小心理自我与现实自我之间的差距。高校要积极引导大学生转变对自己认识过高与定位过高等心态，客观、正确对待自身，了解社会和国家对人才的需要，采取有效的措施，将职业发展与社会需要结合起来，从而实现心理自我与现实自我的统一，形成坚强、乐观的心态，为顺利就业做好心理准备。

第四节　开展就业指导的意义

在当今竞争激烈且复杂多变的就业市场环境下，大学生就业问题备受社会各界广泛关注。大学生就业观念对其就业选择和职业发展起着至关重要的导向作用。开展大学生就业指导，在改变大学生就业观念方面具有不可忽视的重要意义和显著效果。就业观念是大学生对就业的认知、态度以及价值取向的综合体现，它在很大程度上影响着大学生在求职过程中的行为决策。传统的就业观念往往倾向于追求稳定、高薪、工作环境舒适且社会地位较高的工作岗位。这种观念使许多大学生将目光集中在少数热门行业和大型企业，导致就业选择范围狭窄，竞争异常激烈。同时，部分大学生由于缺乏对自身职业兴趣、能力和优势的清晰认识，盲目跟风追求所谓的"热门"职业，忽视了自身的长远发展。这种陈旧、片面的就业观念不仅增加了大学生就业的难度，还不利于人力资源的合理配置。

大学生就业指导是一个系统而全面的教育过程，旨在帮助大学生了解就业市场需求、掌握求职技巧、树立正确的职业价值观。通过开展就业指导，可以有效改变大学生的就业观念，使其更加理性、务实和多元化。

一、就业指导能够拓宽大学生的就业视野

高校可以通过举办各类就业讲座、开设职业规划课程以及提供就业信息咨询等方式，向大学生介绍不同行业、不同领域的发展现状和前景，让他们了解到除了传统、热门行业外，还有许多新兴行业和领域充满了发展机遇。例如，随着互联网技术的飞速发展，电子商务、数字媒体、人工智能等新兴行业对人才的需求日益增长。通过就业指导，大学生可以接触到这些新信息，认识到就业选择的多样性，从而打破固有的思维模式，不再局限于传统的就业路径，为自己开辟更广阔的就业天地。

二、就业指导有助于大学生正确认识自我

在就业指导过程中，运用专业的职业测评工具和方法，帮助大学生全面了解自己的兴趣爱好、性格特点、专业技能和优势劣势。通过这些测评和分析，大学生能够更加清晰地认识自己适合从事哪些类型的工作，从而在就业选择时能够更有针对性地进行职业定位。例如，性格开朗、善于与人沟通交流的大学生可能更适合从事市场营销、人力资源管理等工作；而逻辑思维能力强、对数字敏感的大学生在金融、数据分析等领域更具优势。这种自我认知能力的提升能够使大学生避免盲目跟风选择职业，而是根据自身实际情况做出更加合理、科学的就业决策。

三、就业指导能够培养大学生的职业素养和职业规划意识

就业指导课程不仅会传授求职技巧，还会注重培养大学生的职业素养，如责任

心、团队合作精神、沟通能力、创新能力等。这些职业素养是大学生在未来职场中取得成功的关键因素。同时，就业指导还会引导大学生树立职业规划意识，帮助他们制订短期和长期的职业发展目标，并为实现这些目标制订具体的行动计划。通过职业规划，大学生能够更加明确自己的职业发展方向，从而在大学期间有针对性地提升自己的综合素质和能力，为未来就业做好充分的准备。这种从被动就业到主动规划的转变，是大学生就业观念转变的重要体现。

四、就业指导能够引导大学生树立正确的职业价值观

在就业指导过程中，通过案例分析、小组讨论等形式，引导大学生思考职业的真正价值和意义。让他们明白，一份好的工作不仅是为了获得物质回报，更重要的是能够实现个人的成长和发展，为社会做出贡献。同时，引导大学生树立"先就业、后择业、再创业"的观念，鼓励他们在就业初期不要过于计较工作待遇和工作环境，而是要注重积累工作经验，提升自身能力。这种正确的职业价值观的树立，能够使大学生在面对就业选择时更加从容和理性，不再将薪资待遇作为唯一的衡量标准。

五、就业指导迎合了严峻就业形势的需要

自我国开始实施大学生扩招政策之后，越来越多的高中生有了进入大学深造的机会，高等教育的普及率有了大幅度地提高。但是随之引发了一系列的相关问题，学生的就业就是诸多问题中的一个重要方面。尽管政府和高校十分重视学生就业问题，先后出台了一系列政策，采取了一系列措施，来加强大学生的就业工作，但是受制于形势的严峻性，这一问题在短时期内仍然难以彻底地解决。所以在这种情况下，对在校学生进行就业指导，帮助他们选择并准备从事一份适合自己的职业就显得尤为重要。这不仅关系到学生今后的发展，还关系到学校的办学声誉、国家的政治和经济建设，以及整个社会的稳定性。

六、就业指导能适应就业制度改革的需要

随着改革开放和社会主义市场经济体制的建立，我国大学生从原来的统招统分，过渡到了一定范围和条件下的自主择业和双向选择，虽然这给大学生带来巨大的就业压力，但是国家进步的重要表现。择业选择程度越大，大学生择业时遇到的失败经历

就越多。因为大学生在学校里，很少接受就业的相关指导和培训，个人对工作的要求比较高，加之就业市场不规范，致使很多大学生难以在毕业后及时找到自己满意的工作。面对市场的需要和学生的实际需求，很多高校对学生的就业指导还没有和上述两个条件充分地结合，仅给予大学生再分配体制下的指导，如鼓励大学生以国家的需要为重，到祖国最偏远、最艰难的地方磨炼，较少考虑大学生的主观要求、素质能力、个人特长等因素。没有和用人市场充分结合起来，对于市场的需要反应较慢。因此，对现有的就业指导工作进行全新的审视和改进，更多地从大学生自身和市场的需要出发，对大学生进行全方位的指导，使之适应大学生就业模式的变迁，有着十分重要的意义。

七、就业指导顺应了时代发展的要求

进入 21 世纪以来，随着科学技术的大发展和社会的急剧变革，人类社会的发展呈现出三个特点，一是在高度发展的过程中，常有跳跃式发展和急剧变革；二是高度分化和高度综合并行；三是知识经济的时代已然来临，用知识创造财富已经变成了现实。

面对这样的时代发展特点，高校有责任和义务对大学生进行充分的就业指导，首先，社会分工加速，很多旧的职业随时都会消失，所有人都要树立终身学习的意识，同时具有相应的职业选择能力和个人规划能力。其次，不同类别职位数量及比例的变化越来越频繁，表现为一些职业的职位经常性增多，另一些职业却在迅速减少，这种流动性的增大，要求从业者必须掌握更好的技能。这就要求高校在就业指导中加强对学生职业生涯规划的教育，从发展的角度看待自己的职业。大学生应了解社会职业变化的方向，制定个人职业生涯发展的目标。

第二章　职业素养

第一节　职业素养的概念与特征

一、职业素养的概念

职业素养由"职业"和"素养"构成。职业素养是指职业人在一定的生理和心理条件基础上，通过教育培训、职业实践、自我修炼等途径形成和发展起来的，在职业活动中起决定性作用的、内在的、相对稳定的基本品质。职业素养也可以理解为职业的内在规范和要求，是职业人的品格、知识和能力在职业过程中的综合体现，包括职业道德、职业理想、职业能力、职业行为、职业作风和职业意识等方面。

由于职业是人生意义和价值的根本所在，职业生涯既是人生历程中的主体部分，又是最具价值的部分，因此职业素养是素养的主体和核心，是职业人在职业过程中表现出来的综合品质。

二、职业素养的特征

（一）职业性

职业素养总是和职业联系在一起，不同职业对职业素养的具体要求与表现形式是不同的。比如广告策划和设计人员应当具备丰富的想象力、较强的创造性、宽广的知识面、良好的绘画能力、熟练的计算机应用能力、较强的语言表达能力和人际沟通能力等；销售人员和市场营销人员应当了解消费者心理，善于捕捉商机，诚实守信，灵活机智，具备公关能力、自我管理能力和人际沟通能力等；物流人员应当掌握现代物流的理论、技术、运营方式和业务模式，具备物流管理、规划、设计等实务运作能力、组织协调能力和异常事故处理能力等。当然，所有的职业人都应具备爱岗、敬业、务实、高效、守正、创新等基本的职业素养。

（二）稳定性

一个人的职业素养是在长期的教育培训和职业实践中形成的，具有相对稳定性，这种稳定性是职业人做好本职工作的基本条件和重要保证。比如一名会计经过几年的工作实践，具备了必要的专业知识和专业技能以及较强的数字反应能力和汇总能力，熟悉国家相关法律法规、规章和会计制度，做到严谨细致，坚持原则，严守财经纪律，保守财经秘密，于是这种职业素养便保持相对稳定性。当然，受工作环境和继续深造的影响，职业素养又是与时俱进和不断提升的。

（三）内在性

职业人在长期的职业活动中，通过自身学习、体验和认识，知道怎样做是正确的、怎样做是错误的。这种有意识地内化、积淀和升华的心理品质，就是职业素养的内在性。内在性是职业素养最重要、最本质的特征之一。

职业素养的内在性只有通过职业活动才能表现出来，缺乏职业活动这一外显行为，人的职业素养在日常活动中就很难表现出来。比如一名教师对教育事业的忠诚度，他所具有的广博知识、严谨的治学态度以及为人师表、诲人不倦、严于律己、甘为人梯的精神，只有在教育教学过程中才能充分体现出来，而在衣食住行等日常生活中很难得到全面体现。

（四）整体性

职业素养包括职业人的知识、能力、品质和修养等方面，这是职业素养的整体性特征。如果某一方面有所欠缺，就会影响整体职业素养水平。

职业人只有具备较高的思想素养、道德素养、科技文化素养及专业技能且保持身心健康，才能具备较强的创新学习能力、实践调研能力、解决问题能力、讨论沟通能力、团队协作能力和自我发展能力。一般说来，职业人在职场上取得的成就，以及为社会做出贡献的表现，在很大程度上取决于其整体职业素养水平。整体职业素养水平越高的职业人，职场制胜、事业成功的概率就越大。

（五）发展性

经济社会的发展和科学技术的进步，必然会引发社会职业和职业岗位的变化，并产生新的职业素养要求。职业人处在持续发展的社会之中，就必须不断地学习与实践，不断地提升自我，因此职业素养具有发展性。

职业素养的发展性体现在职业人为了更好地适应社会发展和职场变化的需要，不断更新自己的职业素养内涵，逐步提高与完善自己的职业素养。职业人在职业发展过程中，通过不断提升个人的知识、能力和素养，使自己增值，由此建立自己的职业品牌。

第二节　职业素养的构成

职业素养是职业人对社会职业了解与适应能力的一种综合体现，包括职业兴趣、职业能力、职业个性和职业情况等方面。

本书提出的职业素养主要包括身体素养、心理素养、思想政治素养、道德素养、科技文化素养、审美素养、专业素养、社会交往和适应素养、学习和创新素养。

一、身体素养

身体素养指的是体质和健康等方面的素养，即人体各器官的状态和水平。良好的身体素养是指拥有健康的体魄，如体格强健、动作协调、耐力好等。身体素养是整体职业素养发展的基础，决定了个体素养发展的潜在可能性。个体素养的形成以身体素养为基础，离开这个基础，其他素养就失去了物质的载体。

二、心理素养

心理素养指的是感知、认知、记忆、想象、情感、意志、态度、个性特征（兴趣、能力、性格、习惯）等方面的素养，即个体心理品质的状态和水平。心理素养是一个人的遗传素养和人类在历史发展过程中所创造的文明成果相互作用及内化的结果，在个体素养中占有独特的地位，是与外部世界相互联系、相互作用的中介。

心理素养水平的高低可以从心理适应能力的强弱、认知潜能的大小、性格品质的优劣、内在动力的大小及指向等方面进行衡量。良好的心理素养是指拥有健全的心理，如健全的能力（包括观察力、记忆力、想象力等一般能力和从事某种专业活动所必需的特殊能力）、健康的情感、坚强的意志等。

职业人要以积极的心态面对人生、家人、朋友和同事，以感恩的心面对生活中的每一天。当遇到困难时，要善于寻找突破口，在繁重的工作中开辟一条捷径。实际上，无论做什么工作，只要能秉持良好的心态，全力以赴，它就能带来真正想要的一切——幸福、快乐、成功与荣耀。

三、思想政治素养

思想政治素养指的是思想认识、思想觉悟、思想方法、政治立场、政治观点、政治信念与信仰等方面的素养。思想政治素养是职业素养的灵魂，对其他素养起着统领作用，决定了其他素养的性质和方向。

职业人的思想政治素养是其世界观、人生观、价值观在工作和生活中的反映。思想政治素养高的人，其工作不仅是为了生活和实现自身价值，更是因为责任、义务和理想信念。思想政治素养具体表现为以下六方面。

（1）在大是大非面前立场坚定，在科学与谬误面前头脑清醒，在原则问题面前牢守底线，在对错问题面前是非分明。

（2）工作思路、策略、措施具有科学性、计划性、前瞻性和可持续性。

（3）成功靠真才实学，以及艰苦奋斗的精神、光明磊落的作风、豁达的胸怀和高尚的人格魅力。

（4）敢于承担责任，对上不推不靠、不等不要，对下勇于担当、提供支撑。

（5）能站在大局的角度、工作的角度和利己的角度对待批评，认真反思，有则改之，无则加勉。

（6）具有自控能力，谦虚谨慎，不说过头话，不做过头事，不受他人左右，不受环境干扰，牢牢把握人生沉浮与事业成败的关键。

四、道德素养

道德素养指的是道德认识、道德情感、道德意志、道德行为、道德修养、组织纪律等方面的素养。道德是一种社会意识形态，它是人们共同生活及行为的准则与规范。道德以善恶为标准，并通过社会舆论、内心信念和传统习惯来评价人的行为，调整个人与个人之间，以及个人与社会之间的相互关系。

职场用人应当体现以下原则：有德有才，破格重用；有德无才，培养使用；有才无德，限制录用；无德无才，坚决不用。职业人必须遵守职业道德规范，如爱岗敬业、诚实守信、廉洁自律、秉公办事、维护本单位合法利益等，将本职工作做到从完成到优秀，从优秀到卓越。

五、科技文化素养

科技文化素养指的是科学态度、科学知识与技能、科学方法与能力、科学行为与习惯、科学文化知识等方面的素养。科技文化素养决定了职业人的思维方式和行为方式，是个人综合实力的体现，是实现美好生活的前提，是实施创新创业的基础。职业人应该全面了解科技文化素养与职业生涯发展的关系，增强提高自身科技文化素养的自觉性，树立正确的世界观、人生观、价值观，努力实现个人的全面发展。

职业人应具有强烈的科学精神、求知欲望和创新意识。科学精神，如求实、求真、民主、开放、协作等，只有具备科学精神，才能在职业活动中锲而不舍、勤于探索和不断进取；求知欲望，如不耻下问、质疑、批判等，只有具备求知欲望，才能在职业活动中不断发现与解决问题；创新意识，如创新动机、创新兴趣、创新意志等，只有具备创新意识，才能展现自我能力和实现自身价值，为社会多做贡献。

六、审美素养

审美素养指的是审美意识、审美情趣、审美能力等方面的素养。提高审美素养，可以让职业人增加职业兴趣，增添精神动力，体会劳动创造之美，进而提高其人文素养和道德素养。

审美素养为职业人的心理健康提供有力支撑，为职业人的生活质量积淀文化底蕴，为产业创新及提高生产力开拓空间。职业人应该保持乐观积极的心态，将审美素养渗透到工作的每个环节中，让生产劳动成为一种改变世界、实现自我的艺术活动。

七、专业素养

专业素养指的是专业知识、专业技能、组织管理能力等方面的素养。专业知识是建立在一般科学文化的基础上，与职业人所从事的职业密切相关的知识。专业技能是在领会专业知识的基础上，经过反复训练而形成的技术能力。组织管理能力是指灵活地运用各种方法把各种力量合理组织和有效协调起来的能力，包括协调关系的能力和善于用人的能力等。

专业知识与专业技能是相辅相成的，专业技能的形成以专业知识的理解与内化为基础，而专业技能又是实际运用并不断获取专业知识的必要条件。职业人只有具备扎实的专业知识和熟练的专业技能，才能有效地拓展生存空间和增强竞争实力。组织管理能力是职业人知识、素养等基础条件的外在综合表现。现代社会是一个庞大的、错综复杂的系统，绝大多数工作都需要团队合作才能完成。所以，从某种角度来说，每个职业人都是组织管理者，承担着一定的组织管理任务。

职业人应高度关注专业素养的提高，知识要更新，技能要提升，组织管理能力要增强，这些都是动态的、发展的。职业人只有不断从专业知识、专业技能、组织管理能力上寻找差距和弥补不足，才能不断提高自身的专业素养和工作能力，做到想干事、能干事、干成事。

八、社会交往和适应素养

社会交往和适应素养指的是语言表达能力、社交活动能力、社会适应能力等方面的素养。社会交往和适应素养是职业人综合素养高低的间接表现，也是职业人能够适应社会环境、适应社会生活、胜任社会角色、形成健全个性的基本要求。

从某种意义来说，职业活动就是一种群体活动，需要处理好人与人、人与集体之间的关系，其中与别人沟通、协调等方面的能力就显得非常重要。只有培养自己的表达能力、沟通能力及听懂和理解别人传递信息的能力，才能更好地在职场中保持良好的人际关系。同时，要不断地适应社会环境的变化，无论是在新公司还是在新部门，都要面对融入周围环境和人群的问题，良好的适应能力能够让职业人在职场中如鱼得水，从而推动职业的可持续发展。

九、学习和创新素养

学习和创新素养指的是学习能力、信息能力、创新精神、创新意识与创新能力、创业意识与创业能力等方面的素养，包括好奇心、进取心、创造力、自信心和毅力等。学习和创新素养对个人的职业发展起着重要的作用。

学习和创新素养的要素有：独立的人格意识、独特的个人技能、大胆的探索精神、优秀的创造思维、积极的学习态度、广泛的兴趣爱好、正确的审美意识、合理的知识结构、良好的道德品质、强烈的好奇心、丰富的想象力、敏锐的观察力、较强的模仿能力和动手能力、扎实的数理分析能力、严密的逻辑推理能力、高效的信息处理能力等。只有具备学习和创新素养，才能在职业活动和社会实践中冲破传统观念的束缚，才能有所发现、有所发明、有所创造和有所进步。

第三节 培养良好的职业素养

一、敬业

敬业是一个人对自己所从事的工作负责的态度。敬业是中华民族的传统美德，中华民族历来有"敬业乐群""忠于职守"的传统。早在春秋时期，孔子就主张人在一生中要勤奋刻苦，为事业尽心尽力，曾提出"事思敬""执事敬""修己以敬"等主张。

敬业是人们对一件事情、一份职业的热爱而产生的一种精神，是社会对人们工作态度的一种道德要求。低层次的敬业即功利目的的敬业，是由外在压力产生的；高层次的敬业即发自内心的敬业，是把职业当作事业来对待的。作为职业人，要立足本职，爱岗敬业，树立主人翁意识、责任感和事业心，追求崇高的职业理想；要培养恪尽职守、积极进取、精益求精的工作态度；要干一行、爱一行、钻一行，努力成为本行业的行家里手；要摆脱单纯追求个人和小集团利益的狭隘眼界，激发奋发图强、埋头苦干的工作热情，以正确的人生观和价值观指导和调控职业行为。

作为一名大学生，应当具有强烈的敬业精神，对待学习与工作充满激情、尽职尽责、不怕劳苦、甘于奉献，努力增强自己的核心竞争力和实现人生的价值追求。

二、担责

责任是一个人必须承担的，或不得不做的事情。其基本内涵包含两个层面：一是指分内应该做好的事，如履行职责、尽到责任、完成任务等；二是指因没有做好自己的工作而要承担的不利后果或强制性义务，如担负责任、承担后果等。

责任是世界观、人生观、价值观的体现，是一个人对待人生和生命的态度。责任体现了一个人的原则、作风、习惯和思想，体现了一个人的心态、心智、格局和胸怀，体现了一个人的使命、生活空间和追求。

责任按照内在属性可以分为角色责任、能力责任、义务责任和原因责任。角色责任是指共性角色责任范畴，可以理解为在角色共性规则下应该做和必须做的事情；能力责任是指超出角色责任要求的责任表现，可以理解为努力并结合能力做的事情；义务责任是指没有在角色责任限定范围内的责任，可以理解为可做可不做的事情；原因责任是指某些原因直接导致的责任。

责任有不同的范畴，如家庭责任、职业责任、社会责任等。这些不同范畴的责任，有普遍性的要求，也有特殊性的要求。责任存在于每一个角色中。父母养儿育女、教师教书育人、医生救死扶伤、工人铺路建桥、军人保家卫国……人在社会中生存，就必然要对自己、对家庭、对集体，甚至对国家承担一定的责任。责任就是承担应当承担的任务，完成应当完成的使命，做好应当做好的工作。

作为一名大学生，应当成为一个有责任感的人，行事谨慎、为人可靠，面对学习与工作中出现的困难绝不退缩并设法克服，善于抓住每一次机会，用心做好每一件事，体现对自己所负使命的忠诚和守信。

三、诚信

诚信是日常行为的诚实和正式交流的信用的合称，即为人处世真诚、老实、讲信誉、一诺千金。诚实守信是中华民族千百年传承下来的优良道德品质。孔子曰："人而无信，不知其可也。"诚信既是个人道德的基石，又是社会正常运行不可或缺的条件。诚信缺失的个人将失去他人的认可，诚信缺失的社会将失去人与人之间的正常关系的支撑。

诚信就其内涵而言，包括诚和信两方面，这两方面既有所区别，又互相联系。"诚"的内容一是真实，二是诚恳。真实是指不会有意歪曲客观事物的本来面貌；诚恳是指不会有意歪曲自己主观意图的本来面貌。"信"字由人字旁加一个言字组成，是指人说话要算数，对自己的承诺负责，言必信，行必果。

诚与信有所区别："诚"讲的是不能歪曲主观和客观的实际状况，更强调静态的真实；"信"讲的是不能违背自己的诺言，更强调动态的坚守。诚是一种内在的德行与修为，而信则是一种外在的确认与表达。二者之间的联系：静态的真实是动态的坚守的基础，动态的坚守是静态的真实的结果；内在的德行与修为会通过外在的言行加以确认，而外在的言行没有内在的德行与修为作为基础则难以持久。

诚信是一种道德规范，是一种法律原则，是一种行为准则。业以诚为本，诚以信为基，信以德为源。一个人要想在职场站稳脚跟就离不开诚信，诚信是个人安身立命之本。荀子曰："君子养心莫善于诚。"

一个人要想在职场竞争中占有一席之地，就必须讲诚信，如果言而无信、出尔反尔、见风使舵、口是心非，必然无法获得别人的信任，也很难被社会所接受，因此陷入孤立无援之境。一个企业的生存与发展也离不开诚信，诚信是企业的无形资产。市场经济以诚信为基础，诚信是最基本的交往规则。如果企业失信于员工，必然众叛亲离，指挥失灵，一盘散沙；如果企业失信于客户，必然信誉扫地，难以生存，受到惩罚。

作为一名大学生，应当诚信学习，诚信做事，诚信做人，重视自己的诚信记录，维护自己的诚信形象。

四、务实

务实就是讲究实际，实事求是，其基本解释是从事实际工作，研究具体问题。第一，务实是一种精神，蕴含着强大的正能量，是取得工作业绩的重要保障。它拒绝空想，排斥虚妄，鄙视华而不实，追求充实而有活力的人生。第二，务实是一种态度，是做好一切工作的前提。一个人的能力可能有高有低，但如果没有务实的态度便会工作飘忽、好高骛远，对具体工作视而不见；有了务实的态度才能谋实事、出实招，把工作落到实处，才能在遇到困难和问题时不找借口、不推诿扯皮、不怨天尤人。第三，务实是一种能力，是职业素养的集中体现。看一个人是否务实，就是要看他是否踏实肯干，使名必有实，事必有功。事不做则罢，做了就要有头有尾，见到实效；话不说则罢，说了就要一诺千金，言行一致。

五、高效

效率是单位时间内完成的工作量。在如今飞速发展的时代，工作效率是企业的生存之本，也是员工的发展之本。在职场中打拼的每个人都要有"等不起"的紧迫感、"慢不得"的危机感、"坐不住"的责任感，要抓紧每一分钟，奋发图强，将宏伟蓝图一步步变成美好现实。

如何才能让自己高效率地完成工作，突出自己的工作能力呢？

一是制订计划。制作一个工作列表，把每日要做的工作按照轻重缓急排列。先处理紧急的工作，再处理重要的工作，最后处理轻缓的工作。

二是集中精力。工作时，一定要全身心投入，学会集中精力做一件事，而且要做好这件事；切忌三心二意，否则每一件事都做不好。

三是简化工作。将简单的东西复杂化不是本事，将复杂的东西简单化才是本领。当工作像山一样摆在面前时，不要硬着头皮干，首要任务是将工作简化，把面前的大山简化成一座座小山丘，然后按部就班地一点点搬走。这样不仅效率高，还有成就感。

四是有紧迫感和危机感。在工作中要时刻保持紧迫感和危机感，不断提醒自己不要有怠慢心理。

五是注意劳逸结合。人的体能是有限的，身心是需要调节的，不能一味地拼命工作。超负荷的工作只会降低效率，产生事倍功半的结果。此外，工作时要为自己保留弹性时间。

作为一名大学生，应当把握时间、注重细节、追求效率。只有善于管理时间，把每个细节做好做透和讲究高效率学习与工作的人，才能在事业与生活上取得成功。

六、竞争

竞争是群体或个体间力图胜过或压倒对方的心理需要和行为活动。正当竞争是指建立在公平、善意、平等、自愿和诚实守信基础上的良性竞争，具有使人奋发进取、促进社会进步、提高劳动生产率的积极作用。

竞争是市场经济发展的重要机制，企业的生命力在于竞争。处于竞争日趋激烈的当今社会，任何一家企业都不可避免地面临竞争。在优胜劣汰的竞争法则面前，市场中的企业都是平等的，如何参与竞争并使自己在市场竞争中拥有优势，是企业取得成功的核心所在。

职业人经常处于竞争环境之中，是否具有健康的竞争心理对事业发展有着重要的影响。那么身在职场，应该如何应对竞争呢？

一是树立"人人都有成功机会"的观念。"天生我材必有用"，人的一生中充满了竞争，每个人都应以乐观向上的态度投入竞争。职业人要有强烈的获取成功的愿望，敢于突破传统的、保守的、惰性的习惯势力的束缚，善于抓住成功的机遇，勇于竞争，不怕失败。努力实现个人的成功，既是献身于事业的需要，也是个人价值和全面发展的体现。

二是在竞争中保持心理稳定。竞争既能让人克服惰性、满怀希望、蓬勃奋进，又能让人倍感压力、身心疲劳、心理失衡。有竞争，就有成功和失败。成功固然可喜，失败也能坦然面对；不争一时之长短，不困一时之迷惑。在这次的竞争中失败了，并不表示在将来的竞争中也注定会失败；在这方面的竞争中失败了，并不说明万事不如人。如果能从失败中吸取教训、增长知识，那么这种失败或许就是成功的起始。

三是在竞争中培养欣赏别人的气度。"天外有天，人外有人"，只看到自身的优点是不够的，要学会用欣赏的眼光去看待别人。当对手胜利时，要真诚地祝福他们，真心地为他们喝彩，同时在失败中反思自己并奋起直追。

作为一名大学生，应当勇于竞争且善于竞争，遵循社会竞争规范和法则，公平竞争，并具有竞争的勇气、胆识、功底和才华，在竞争中能经受锻炼、增长才干、突破自己和超越他人。

七、协作

协作是在目标实施过程中，部门与部门之间、个人与个人之间的协调与配合。协作各方为了实现共同的目标，充分利用组织资源，依靠团队力量共同完成任务。协作应该是多方面的、广泛的，如果一个部门或一个岗位所要实现的目标必须得到外界的支援和配合，就会产生协作的内容，包括人员、资源、技术、信息等。因为协作可以集中力量在短时间内完成同样数量的个人所难以完成的任务，所以整体成就高于个人努力的总和。

团队协作是个人职业成功的前提。在一个组织或部门中，团队协作精神显得尤为重要。那么如何加强协作呢？一是将团队利益放在首位，意识到只有成就了团队才能成就自我，而团队利益的实现又依赖于团队成员的共识，把集体的事情当作自己的事情来对待；二是与团队成员建立信赖关系，重视团队成员在共同工作中的价值，强调"我们"而非"我"，善于理解他人的想法与感受，真诚地表达自己对他人的尊重和认可；三是与团队成员协同配合，既能高效率地完成自己所负责的工作，不给其他团队成员带来延误或困扰，又能在力所能及的范围内为团队成员提供支持和帮助；四是为团队建设献言献策，在团队成员提出咨询时，积极提供建设性意见，针对协作成果定期总结工作，共同修订计划，提高协作效率。

作为一名大学生，应当善于协作，注重提升团队意识、团队精神、团队合作能力，把自己融入团队并成为其中的优秀成员，通过团队的力量不断提升自我的竞争力。只有懂得竞争，才能更快取得进步；只有懂得协作，才能更快取得成功。

八、创新

创新是指以现有的思维模式提出的有别于常规或常人思路的见解，利用现有的知识和物质，在特定环境中，本着理想化需要或为满足社会需求，而改进或创造新的事物、方法、元素、路径、环境，并能获得一定有益效果的行为。

在英文中，创新这个词起源于拉丁语，原意有三层含义：更新、创造新的东西、改变。创新是以新思维、新发明和新描述为特征的一种概念化过程。

创新是人类特有的认识能力和实践能力，是人类主观能动性的高级表现，是推动民族进步和社会发展的不竭动力。一个民族要想走在时代前列，就一刻也不能没有创新思维，一刻也不能停止创新发展。

开拓创新要有创造意识和科学思维。第一，要强化创造意识，培养敏锐发现问题的能力和敢于提出问题的勇气；第二，要善于大胆设想，敢想、会想，敢于标新立异；第三，要确立科学思维，培养发散思维、逆向思维、侧向思维和动态思维；第四，要有坚定的信心和意志，不断进取、顽强奋斗。

作为一名大学生，应当勇于创新，积极参与和真诚投入创新活动、创业活动、创造活动，从创新视角思考学习与工作，打破惯性思维，敢于求变，通过提升创新能力来拓宽发展空间。

第四节　职业发展素养

一、自我学习

（一）自我学习的内涵

自我学习又叫独立学习、自主学习，自我学习是与传统的接受学习相对应的一种现代化学习方式。学生的自我学习是以学生为学习的主体，让学生自己做主，充分发挥个人的主观能动性，通过自主学习知识和不断地自我反思等手段使个体可以得到不断变化的行为方式。自我学习可以使自身的知识与技能获得持续提升，使内心世界变得更加充实，情感得到不断地丰富与升华。

（二）自我学习的特征

1. 自主性

自我学习是个人带着浓厚的学习兴趣和强烈的学习动机，进行的自觉自愿的学习，充分发挥个人的主观能动性，不依靠外在的压力，完全出于个人的自觉和自愿，具有自主性。自我学习是学习主体将学习纳入自己的生活结构之中，使其成为生命过程中不可分离的有机组成部分。

自我学习的主体具有学习的主观愿望、一定的学习潜能和独立自主安排学习进程的能力。自我学习的主体能够对外界的刺激信息进行独立地思考、分析，能够依靠自己的力量克服学习进程中遇到的各种障碍，确保学习计划按时完成。

2. 探究性

自我学习是在学习主体的学习兴趣的驱动下发生的，对知识进行探索、探究的过程。探究性是自我学习的特征之一，是指自我学习的主体基于学习兴趣所引发的对知识的强烈探究愿望。在自我学习的过程中，带着浓厚的学习兴趣对知识进行探究，研究记忆的规律，学习知识之间的内在联系，探究事物发展变化的规律，从而更能加深学习主体对知识的理解、记忆。在对知识进行探究学习的过程中，有利于培养个人的钻研精神，会不断有新的火花产生，有助于提高个人的创新能力，使大学生在学习和工作中受益匪浅。

3. 自律性

要想保质保量地完成自我学习的任务，良好的学习自律性是必不可少的。"自"是自己本身，"律"是做事的规律、规范，即学习要有规律。自我学习的主体在开始学习之前要制订学习计划，并按照自己的计划、规范去学习。在自我学习的过程中，大学生随时可能受到外界事物的干扰或被其他事物所吸引，导致自我学习的效率变低，这时大学生就要严格地约束自己，时刻提醒自己按照既定的目标完成学习任务，这样才能更好地去学习。同时自律也是自我磨炼的过程，磨炼自己沉着的心态，磨炼自己持之以恒的精神，在这个过程中也可以提高个人的注意力和意志力，使自己更好地学习。

4. 知识性

在自我学习的过程中，自身拥有的知识可谓一笔宝贵的财富，大学生原有的知识储备越丰富，在自我学习的过程中对新知识的理解就会越透彻，学习效率也会越高。大学生要在识记知识的同时，学会运用知识、拓展知识，做到举一反三，这样自我学习的效率也会大大提升。知识是没有穷尽的，所谓"活到老学到老"，自我学习将贯穿于生命的全过程，大学生只有具备丰富的知识，才能在遇到问题时有解决问题的基本理论功底，使自身更加沉着、冷静地应对。

5. 过程性

自我学习是自我内部知识体系构建的过程，在这个过程中吸收新的知识，再结合自身已有的知识，将以往掌握的知识与新知识相结合，从而建立更加完备丰富的知识体系，并超越原有的知识水平。在自我学习中，学习过程的心态和学习结果密切相关，自我学习的过程是孤独的，甚至是枯燥的，大学生应该学会以快乐学习的心态面对学习，理解知识的奥妙。同时，在这个过程中，大学生应具备坚持不懈的精神、持之以恒的意志力、矢志不渝的决心，这样才能在自我学习的过程中一直坚持、努力向前，实现自己的学习目标。

（三）培养自我学习能力的方式

1. 激发学习动机

学习动机是在学习需求的基础上产生的，所以要想激发学习动机，首先应该认识到自我学习的重要性，产生学习需求，进而激发自我学习的动机。要通过学校的课堂教学让自己发现学习知识的重要性，激发自己强烈的求知欲望，并通过各种社会实践活动帮助自己认识到不断进行自我学习对生活与未来职业发展的重要意义。让大学生在正确认知的指导下，产生持续的学习动机，激发学习的热情，产生积极的行动。

2. 树立学习信心

自信心是个体顺利进行自我学习的前提条件，是开启人生成功之门的钥匙。自信心来源于人们对自己的正确评价，是一种对自己的主观内心体验。树立学习中的自信心，首先要正确认识自己的优点与缺点，对自己形成一个客观的评价，并且保持乐观积极的心态，对学习始终保持高度的热情，找到适合自己的学习环境和学习方法，养成良好的学习习惯，不断提高自身学习效率，在良好的学习效果中提高学习的自信心。在学习过程中难免会遇到一些困难，面对困难时，大学生要有解决问题的主观动机，要以积极的心态深入分析产生问题的原因并尝试找到最优的解决办法，尽自己最大的努力攻克难关。同时，经常与他人交流学习中的心得体会，不断地学习周围人的成功经验，并吸取解决问题之后的经验教训，这对学习自信心的培养具有重大的意义。

3. 增强学习兴趣

学习是一个漫长的过程，人们经常说"兴趣是最好的老师"，学习主体要在强烈的学习兴趣的指引下才能把自我学习这项事业坚持下去。学习更是一项终生的事业，只有不断学习，才能不断进步，并不断提高自己的素质和生活的品质，保持自己的竞争力。要使学习主体保持学习兴趣，首先就要对生活充满热情，保持积极乐观的生活态度，对生活中的事物保持好奇心。世界这么大，大学生要经常出去走一走，开阔自己的视野和胸襟，丰富自己的实践经验。同时，大学生要加深自己对社会的认识，在实践中培养自己多方面的兴趣，增强自己的学习能力，努力在学习中获得真正的快乐和满足，使自我学习成为生活的一部分。有了学习的兴趣，就会增强学习的动力，有了一种向上的动力之后，学习时往往可以事半功倍。

4. 加强学习意识

学习的过程犹如"逆水行舟，不进则退"，在学习过程中往往会遇到许多问题，这个时候一定要保持良好的心态，不畏惧学习中的困难，增强心理承受能力和抗挫折能力。大学生要学会正确对待学习过程中的逆境，给予自己积极的心理暗示，提高自己对逆境的耐力、容忍力、适应力。适当的心理承受能力是个体良好的心理素质的体现，面对学习中的困难，要保持平常心，保持积极乐观的心态，同时，要认识到学习的重要性，对学习中的逆反心理既要积极预防，又要在它出现之后主动寻求老师、朋友的帮助，接受他们的疏导，积极听取他人意见，不断完善自身。

（四）培养自我学习能力的重要意义

1. 提升自身的综合素养

当今时代，经济科技快速发展，对人才的要求越来越高。随着高等教育从精英化向大众化的转变，高等院校的招生规模变大，高校毕业生的数量不断增加，就业压力逐渐增大，社会竞争越发激烈。想要在激烈的人才竞争中脱颖而出，高水平的个人职业素养成为竞争中取胜的关键。要想提高自身的职业素养就必须不断地加强自我学习，学习各种知识，不断完善自己，提升自己的综合素质，提高自己的竞争力，只有高素质，才能转化为高能力。同时，要多参加社会实践锻炼，学以致用，理论联系实际，以提高实践能力。

在大学期间，大学生要加强对专业知识的学习，尽可能地利用时间去理解自己的专业所学，同时，丰富自己的知识储备，加强对经济知识、人文历史知识、科技知识、现代办公软件、网络知识等的学习；面对市场竞争的要求，要善于思考，从多个角度出发考虑事情，找到做事情最有效的思路。大学生要根据不断变化的形势，增强创新意识，不断完善自己的专业素养，使自己成为复合型人才。

2. 实现自我的可持续发展

信息的传播速度越来越快，知识的更新速度也越来越快，要想抓住时代发展的脉搏，顺应时代发展的潮流，个人必须树立终身学习的理念，使自己处于实时更新的状态，养成用发展的眼光看问题的习惯，抓住社会快速发展的节奏，立足长远，不断学习，改正自身不足，总结在学习工作中的经验教训，不断地丰富自己的知识储备，实现自身的可持续发展。

3. 促进社会的不断进步

社会是由每一个个体所组成的，社会的发展与进步离不开个人的努力与奋斗。社会的发展需要优秀的人才，优秀的人才能为社会发展提供源源不断的动力。青年人是在祖国繁荣发展时代中的主力军，青年人的力量强弱在很大程度上决定了国家的兴衰。现阶段中国人民正处于为实现"两个一百年"奋斗目标而努力、为实现中华民族伟大复兴的中国梦而奋斗的时期，青年人肩负着祖国未来发展的重任，更应该加倍地努力学习。青年人应该对自己有一个清晰的认识，了解自身不足，注重通过自我学习不断提高自身的文化修养，积极参加社会活动，勇于承担社会责任，传播正能量，脚踏实地，做好自己应该做的事情。青年人应该提高自身认知水平，端正自己的价值观，把握时代发展的脉搏，树立科学的人生理想并为之不断奋斗，在实现人生价值的同时实现自身的社会价值，促进社会的不断进步。

（五）培养自我学习能力的途径

1. 掌握扎实的基础知识

个体的自我学习是一个循序渐进的过程，是个体运用自身所掌握的基础知识对新知识进行探索的过程，是一个知识储备不断增加的过程。个体自我学习素养的获得并不是一蹴而就的，而是一个慢慢积累的过程。掌握扎实的基础知识是获得自我学习能力的前提，如果没有基本的理论知识，个体将不知道怎样进行自主学习，以及应该学习哪些内容、运用哪些有效的学习策略和思维方法。掌握扎实的基础知识，使个体在以后的学习中可以更加有效地学习其他相关的知识，激发自己的学习欲望和求知欲，也使自己能够灵活地运用基础知识来解决学习中遇到的问题，基础知识掌握的熟练程度对以后的学习进程有着深远持久的影响。每一天都是崭新的一天，有新的知识需要掌握，大学生应该用心面对、日积月累，这样才能有深厚的底蕴，一步一个踏实的脚印，方能取得最终的收获。

2. 在总结反思中获得提升

海涅曾经说过："反省是一面镜子，它能将我们的错误清清楚楚地照出来，使我们有改正的机会。"曾子曾经说过："吾日三省吾身。"这些都告诉大学生每天要反思自己，这样才能不断进步，其实在自我学习的过程中也是这样的。对学习过的知识要不断地进行回忆、总结和反思，在巩固学习成果的同时，也可以检验学习成果，及时发现学习中的问题。对问题进行深入分析，会发现学习方法是否恰当、学习时间分配是否合理、学习内容安排是否恰当等问题，对症下药，找到最优的解决方法，由此找到最适合自己的学习方式，提升自我学习的能力和职业素养。面对学习，大学生要保持高度的自信心，善于总结学习中的经验和方法，坚持不懈，进一步激发拼搏意识，掀起学习的高潮。大学生应在总结中提高，在反思中进步。

3. 在实际应用中得到增强

把学到的理论知识不断地运用到实践中，自我学习才能实现它的价值，才能接受实践的检验，同时自我学习能力也会在实践中得到不断增强。通过实践对自我学习的成果进行检验，可以发现学习的方法是否恰当、学习的内容是否符合时代发展的要求等，因为实践是检验真理的唯一标准。大学生要不断地在实践中锻炼自己，努力在学习上找到适合自己的方法，把理论与实践更好地结合起来，将书本上的理论真正地运用到日常生活中，使学习主体对学习的知识有进一步的理解与应用，从而不断提高大学生的创新意识与思维，实现知识储量与能力水平的同步提高，促进自我学习能力的提升。

二、组织发展

（一）组织发展的内涵

组织发展是指将个人所具有的知识与经验充分投入那些促进个人所在组织发展的

战略、结构和过程中，即通过自我学习提高个人的职业素养，进而促进个人所在企业组织的进步与发展。

（二）组织发展的特征

1. 职业性

又称职业特质，职业性是指个人参与社会活动时体现出的一种正式的状态。在职场中，每一位工作者都必须拿出职业状态对待工作。当一个人能真正认识自己所从事的职业、工作职责，找到正确的职业感觉时，工作者对职业的热情会显著增加，对工作内容会更加投入，对工作的耐心也会更加持久，从而大大提高工作效率，为所在岗位做出更大的贡献。

每个人从事的职业不同，对职业的理解也就不同，不同的职业具有不同的特点，对从业者有着不同的要求。例如，公务员、教师、科学工作者、医护人员、文艺工作者、财会人员等，他们的工作职责、性质和内容等的不同使他们应该具备的主要素质也不同。无论从事什么职业，良好的职业素养都是必不可少的，具备良好的组织发展能力，可以使员工对待工作更加认真，促使所在企业更好地发展。

2. 稳定性

组织发展能力是个体在长期的自我学习、体验、接受职业教育和社会实践锻炼中所形成的心理品质和机能。它使从业者具备有效开展某项职业活动的能力和保障，它的形成是日积月累的结果。良好的组织发展能力会对个人的职业生涯产生持续性的影响，而且一经形成便不会轻易改变，所以个人的组织发展能力具有一定的稳定性。个人的组织发展能力的稳定性是个人所在组织获得发展的必要条件，也是组织能够长久运行的重要保障。一个组织的内部稳定是极其重要的，内部稳定主要是企业员工的稳定。在企业发展过程中，员工通过不断地实践工作，熟悉组织的内部运行和运转流程，踏实工作，保证企业平稳运行。

3. 发展性

社会是处在不断发展变化之中的，个人的组织发展能力也应该随着社会的发展而不断发展。组织是不断发展变化的，组织的进步离不开个体的积极努力。个体的职业素养是通过不断实践和学习而得到提升的，在这个过程中，个体通过不断地自我学习、激发自身潜能，从而实现自我的提高。对于组织的发展来说，个体的发展速度和能力将直接影响组织的未来发展。在组织的发展过程中，大学生要用发展的眼光看问题，不断提高自身的综合素质和能力，履行好自己的岗位职责，在做好本职工作的同时承担更多的组织责任，脚踏实地、攻坚克难，并在实践中不断总结经验，努力适应并做好新的任务。

（三）培养组织发展能力的方式

1.树立正确的职业目标

目标是大学生工作中前进的动力与方向，对大学生以后的职业发展至关重要。树立正确的职业目标，可以更好地激励大学生前进，将有限的生命过得更加有意义；可以明确大学生在职场中的前进方向，找到适合自己的位置，激发自身的工作潜能，使所在组织的发展更具活力。

在树立职业目标的过程中，必须遵循事物发展的客观规律，坚持一切从实际出发，实事求是，脚踏实地地做好身边的事情。确立职业目标后，要不断坚定自己的选择，结合自身特点，找到适合自己的工作方法，不断激发自己的工作热忱，将职业目标与企业发展目标相结合，在实际工作中增强自己的创造力，使所在组织更具竞争力，促进所在组织持续发展并迸发出新的生机与活力。

2.提高学习能力

21世纪是知识经济时代，随着社会政治、经济、文化的蓬勃发展，科学技术方兴未艾，人们对知识的需求大大增加。在激烈的社会竞争中，缺乏学习意识和能力将会失去竞争的优势，逐渐被时代所抛弃。在学习过程中，大学生要掌握更多高效的学习方法，勤于思考，在有效的时间内读更多有意义的书籍，并及时地进行学习总结与反思。

"时间就像海绵里的水，只要愿意挤，就总是会有的。"大学生要善于挤时间学习，抓住生活中的一切时间，勤奋学习，真正把学习变成自己生命的一部分。大学生要紧跟时代发展的脚步，不断充实自己的头脑，不仅需要从书本上、从实践中学习知识，还要注重在日常与他人交往的过程中进行学习，古人云："三人行，必有我师焉。"在生活中要善于向自己身边的人学习，学习他们的长处，使自己永远处在不断进步的过程中。

3.增强自我创新能力

世界每天处于瞬息万变之中，时刻都有新事物产生，现代科学技术的发展使很多不可能变成了现实，科技切实改变了人们的生活。创新在改变命运的同时，也会改变人们的生活。大学生要通过不断学习与实践，增加知识储备，扩展自身知识面，开阔视野，丰富自己的想象力，掌握科学的思维方法，培养自己独立思考的能力、理性判断的能力，激发自己的创新思维，增强自我创新能力。

4. 内化企业价值观

企业价值观是一个企业的内在灵魂，价值观代表着企业的价值取向，是指企业在追求经营成功的过程中所推崇的基本信念和奉行的价值追求。一个企业只有拥有正确的价值观，才能拥有核心竞争力，才能使自身的发展更具长远性。企业处在不断发展变化中，经营理念不断更新、技术不断创新、产品不断改良升级，但是它的精神价值追求不会改变，它是企业得以生存发展的重要原因。身为员工，一定要深刻理解企业的核心价值观，内化企业的价值观，践行企业的价值观。

社会主义核心价值观是企业全体员工的共同信念，是企业制定发展战略的根本指针。在企业发展过程中，有了共同价值观的指引，员工将会在组织发展中迸发出更强的力量。当员工从内心深处将企业价值观作为精神引领时，无论身处顺境还是逆境，都会对所在组织有着荣辱与共的情感，不断挖掘自身潜能，促进组织更平稳地成长。

（四）培养个人组织发展能力的重要意义

1. 促进自身的职业发展

培养个人的组织发展能力是推进自身职业生涯发展的重要条件。从个人的发展角度来看，只有具备了较强的组织发展能力，个人才会更快、更好地适应岗位要求，尽快进入职业角色。培养个人的组织发展能力不仅可以明确大学生工作目标，还能激发其自信心、职业使命感、职业责任感，使其以饱满的工作热情投入工作，促进所在组织的发展。在促进组织发展的过程中，既可以增加大学生自身的工作经验，提高其决策判断能力，使其更高效地处理日常工作，同时也促进了大学生个人职业素养的提升，让大学生的职业生涯走得更好、更远。

2. 实现企业的可持续发展

培养个人的组织发展能力可以实现企业的可持续发展，因为一个企业要想自我生存、永续发展，不仅要有企业的经营策略、准确的目标设定、合理的组织架构、充足的资金保障、一定的市场份额，还要有人力资源储备。任何组织的生存和发展都离不开人才的储备与竞争。所谓人力资源，就是企业员工个人组织发展能力的总和，即具备较高职业素养，能把个人的发展目标与组织的发展目标紧密联系在一起，对组织忠诚，对组织的发展具有不可替代作用的人。如果每个员工的个人组织发展能力都很强，那么这个企业便会拥有巨大的发展潜力，在所涉领域迅速发展并遥遥领先。所以，个人的组织发展能力是一个企业可持续发展的重要源泉。

3. 推动社会的不断进步

培养个人的组织发展能力会推动社会不断进步。因为组织发展能力离不开组织协调能力、沟通能力、处理问题的能力、创新能力、团队合作的能力等，具备了这些能力，一方面，会使个人的职业素养获得很大提升，使自身的内涵、品位有所提高，并且还会在不知不觉中感染身边的人，带动他人的成长；另一方面，个人组织发展能力的提高会推动所在企业的发展，提升企业的整体实力和市场竞争力，企业的发展状况将直接影响社会的发展状况，当企业效益越来越好时，必将带动社会经济的发展与繁荣。所以，拥有较强的个人组织发展能力会促进自身职业的发展，实现企业的可持续发展，进而推动社会的不断进步。

（五）培养组织发展能力的途径

1. 接受组织发展能力的培养

（1）在课堂上认真学习：课堂上的专业学习是大学生接受职业发展素养教育，提高组织发展能力的根本途径。大学生要在课堂学习中，努力学习专业知识，了解专业前景，掌握行业发展动态，接受职业道德教育、法制教育和纪律教育，加强自我管理与约束，遵守职业纪律，恪守职业道德，知法、懂法、守法、护法，培养爱岗敬业精神、服务群众和奉献社会的意识。通过听教师的耐心讲解，激发自身的学习热情，促使自身思考个人的职业未来，进行职业生涯规划，提升竞争意识、责任意识和敬业意识。

作为学习主体的大学生，要认真上好学校开设的职业素养教育课程，充分了解自己所学专业对从业人员的特殊职业素养要求，如医务人员要具备救死扶伤的职业精神、精湛的治病技术、实事求是的工作态度等。同时，大学生还要学习所有职业人应具备的通用职业素养，如沟通素养、团队合作素养、创新素养等。大学生要抓住课堂学习机会，学好职业素养相关课程，积蓄自身的力量，提升自身的组织发展能力，为将来的顺利就业做好准备。

（2）在实习实训中用心体会：在接受高等教育的过程中，实践教学是大学生了解自己所学专业、判断自己是否适合该专业的最有效途径。在实习中，大学生要用心体会未来将要从事的职业，树立正确的职业观。大学生要走进企业内部进行顶岗实习，提前感受职业氛围，熟悉职业环境，逐步掌握岗位所需的各项技能，提高自己认识、分析、解决问题的能力，体会岗位纪律、操作规范，对所要从事的职业产生认同与热爱。

大学生应积极参与校内实训活动，在模拟的职业环境中，按照岗位要求不断进行自我调整，完善自身，形成正确的职业态度。同时，大学生应充分利用学校搭建的职业模拟训练平台，深入职业角色，在实训中虚心接受指导教师的指导，增强自身的语言表达能力、团队合作能力、人际交往能力等，做好各项能力准备，切实提升自身的职业技能，增进职业情感，养成良好的职业习惯。

（3）积极参与课后活动：大学生要利用业余时间积极参与学校的各项社团活动，锻炼自己各方面的能力。大学生社团历来是学生提升实践能力的重要载体，不仅为广大学生搭建了展示才艺的舞台，更为其综合能力的提升创造了有利条件。很多大学生通过组建社团、加入社团、开展活动、参与社团的建设与管理，学会了协调学习与参加活动之间的关系、合理地分配时间、正确地与他人进行沟通交往、凭借自身的努力促进社团的发展，对自身职业素养的提升作用突出。大学生可以根据自己的兴趣与发展需要灵活自主地选择、参与活动，在社团活动中强化团队意识，内化团队精神；强化合作意识，内化分工合作精神；强化创新意识，内化开拓进取精神。这些恰好是用人单位在招聘人才时十分看重的素养。

为了进一步提升自己的职业素养，大学生要充分利用暑期社会实践锻炼的机会，积极参与暑期社会调研、基层服务、行业调研、社区志愿服务、就业创业基地顶岗实习锻炼、勤工俭学等活动，在充实自己假期生活的同时，发挥专业特长，做到学以致用。大学生应通过实践体验深化对所学知识的理解，增强社会责任感、使命感，学会包容，培养自己吃苦耐劳的精神和奉献社会的意识。

2. 加强组织发展能力的自我修炼

（1）加强自我学习：大学生要多利用业余时间进行自我学习，学习专业知识，深化对专业的理解，了解自己所学专业的特点，通过各种途径了解所学专业的发展动态，分析本专业的发展前景。大学生要根据职业要求有针对性地学习职业素养的内容，加强自我修养，进行自我提高。

（2）规范自身行为：良好的职业素养是在日常行为中逐渐形成的，它体现在大学生生活的一言一行中，无论在课堂还是课间、校内还是校外，大学生都要注意行为举止。平时注重养成良好的生活习惯，规范自身行为，如作息规律、按时起床、宿舍内务整洁、语言文明、举止得体、不迟到早退、诚实守信、勤俭节约、团结互助等，多读书、爱运动、勤思考，争取做到内外兼修。

三、企业经营管理素质拓展

（一）企业经营管理素质的内容

1. 企业经营管理素质

企业经营管理素质是指在一定的时间空间条件下，存在于管理者身上，并在企业管理活动中对管理工作经常起作用的内在要素和能力，是企业管理者在先天禀赋的基础上通过后天的学习，在实践中逐步形成的智能、品德方面的总和。企业经营管理者应具备的主导素质不是一成不变的，它要与企业的内部发展要求和外部环境相适应，如当企业处于起步阶段时，需要管理者具有敏锐的市场觉察力和敢于开拓向前的魄力；当企业处于成长期时，需要管理者培育企业文化和凝聚力；当企业的外部环境发生改变时，需要管理者及时调整企业的战略方向。

个人通过不断自我学习取得进步，同时使自身所在的组织得到持续发展，在这一过程中，个人的企业经营管理素质得到了全面发展，促使自身成为一名合格的企业经营管理者。

2. 企业经营管理素质的基本内容

（1）敏锐的觉察力：在市场经济条件下，人们的消费需求决定企业的生产方向，需求改变，市场就会发生变化，因此，企业必须不断适应市场的变化才能生存下去。这种适应不应是被动的，而应是积极主动的，那么怎样做到主动？这就需要企业经营管理者对市场动态具有敏锐的觉察力，能够正确预测市场的发展走向，做到未雨绸缪，当机遇来临时能够顺利抓住，并做出针对性的改造升级，从而使企业永葆生机活力。

（2）战略决策能力：战略决策能力要求企业经营管理者面对企业内部或外部的变化时，能顺利地做出科学的判断和决策，是管理者必备的基本能力。伴随着经济全球化的迅速发展，企业所面临的外部环境不同于往日，环境变化的速度越来越快，情况越来越复杂，这对企业经营管理者提出了更高的要求，不仅需要快速判断市场变化给企业带来的冲击，及时采取措施积极应对，还要适时、适度地制订企业发展蓝图和发展战略，推动企业的可持续发展。

（3）组织变革能力：企业的组织结构必须随着企业的战略调整而不断地优化，无论是企业的规模发生改变、企业本身的组织结构不合理，还是企业的业务流程存在缺陷，企业的组织结构都必将发生改变。如何改变、怎样变革才会更有实效性，这都是企业经营管理者需要思考的问题，变革过程中各种问题的解决都离不开经营者的组织变革能力。

（4）开拓创新能力：开拓创新能力是指运用已有的知识和经验，创造性地提出新观念、新思想和新理论，创造性地解决问题的能力。开拓创新的本质是推陈出新，注重新颖性。创新是企业发展进步的不竭源泉，是使企业立于不败之地的根本保证，也是推动经济发展的主要动力，没有创新，就没有发展。

目前，人类社会开始进入知识经济时代，科学技术日新月异，知识成为推动各国经济发展的主要动力，如果没有知识的发展与更新，那么国家发展将会落后。对于一个企业来说也是如此，作为一个企业，如果自身没有新技术、新产品、新理念，它将逐渐落后于时代的发展直至被淘汰。企业的创新能力很大程度上取决于企业经营管理者的素质。因此，企业经营管理者需具备一定的开拓创新能力，这既有利于其个人的职业生涯发展，又会激发企业无限的发展潜力。

（5）执行协调能力：企业经营管理者的能力体现在保障组织高效运转上。他们需要保证各项工作能够按照既定的工作目标与工作计划进行执行与落实，了解工作进展，对企业内部偏离发展轨道的行为进行及时纠正。作为企业经营管理者，还要善于协调企业内部各方面的关系，及时解决企业运行中的不协调问题，保障企业的有效运转。

（6）心理调节能力：现代社会工作节奏快，竞争激烈，企业经营管理者除了工作上的压力、来自家庭的压力，往往还要承担来自各方更大的压力，如果心理承受能力弱，自身又不会调节，很可能会被压力击垮。所以，企业经营管理者应具备一定的心理调节能力，学会放松，用阳光的心态面对压力。

（7）自我学习能力：企业经营管理者要具备自我学习能力，不断加强自我学习，熟悉现代管理科学，不断更新管理理念，掌握现代企业管理技术并能灵活运用，保证企业管理的科学性、有效性、持续性。

（8）影响力和号召力：企业经营管理者，必须以身作则，要求下属做的事，自己必须先做到，而且要做得更好，为员工树立榜样。企业经营管理者应关心下属的思想与生活，关心下属的成长与发展，用真诚与能力赢得下属的尊重、信任与爱戴，在工作中发挥影响力与号召力，促进企业的良性发展。

（二）进行企业经营管理素质拓展的必要性

1. 有利于企业经营管理者的职业生涯发展

要想成为一名合格的企业经营管理者，必须具备良好的语言表达能力、人际沟通能力、逻辑思维能力、组织变革能力、开拓创新能力、灵活应变能力等，而这些能力恰好是企业经营管理素质拓展的基本内容。具备了以上这些优质能力，将会使企业经营管理者的职业生涯走得更稳、更好和更远。

2. 有利于企业的可持续发展

当今社会，经济不断发展，技术不断革新，新知识不断产生，企业要想生存下来，获得利润，持续发展壮大，就要紧跟社会发展的脚步，不断改革、不断突破、不断创新。企业经营管理者居于企业中的领导地位，他们的自身素质将直接决定企业未来的发展。通过开展企业经营管理素质拓展，能够帮助企业管理者拓宽视野、更新管理理念、增长才干，提升职业能力。企业经营管理者投身企业管理活动，并在实践中完善企业的经营管理策略，能够保证企业的有效运营，实现企业的可持续发展。

（三）实现企业经营管理素质拓展的方式

1. 接受组织的培养

高素质的企业经营管理者是企业持续健康发展的必要保障。所谓高素质的企业经营管理者，指的就是具有丰富管理知识和技能的专业型人才，他们能够通过自我的不断学习和实践，运用智慧不断创新，为企业创造更大的经济和社会价值。要成为高素质的经营管理人才，应该积极接受所在组织的培养，认同所在企业的价值观与文化，内化企业的管理制度和行为规范，服从企业的管理，树立职业目标。重视自身良好思想品质的形成，养成良好的工作习惯，在工作中培养自己的独立性和自主性，遇到困难能做到不回避，迎难而上，敢于挑战自我，磨砺自己的意志，成为一个合格的职业人。

2. 重视职业培训

在快速变化的环境中，个人只有不断地学习，促进所在组织的发展，使自身的企业经营管理素质得到拓展，才能适应动态变化的环境。职业培训作为在职员工接受教育的一种重要方式，在提升员工企业经营管理素质方面发挥着重要的作用。所以个人应充分利用这一学习平台，在学习的过程中加强与他人管理技能和经验的分享与交流，扩大对企业管理领域的了解，深化对企业管理规律的认识，掌握最新的管理知识与方法，吸取企业经营管理教学案例中的经验教训，切实提升自身的企业经营管理素质。

3. 企业经营管理者自身的努力

事物的变化和发展依赖于内外因素的相互作用，组织的培养、科学有效的管理制度和在职培训等外在因素，需要通过内因驱动才能发挥作用。因此，企业经营管理者的素质拓展主要依赖自身的主观努力，才能取得良好的效果。

（1）加强对知识的学习：企业经营管理者平时要加强对各方面知识的学习，多读书，不断拓宽自己的知识面，养成终身学习的习惯。同时，要善于向他人学习，学习他人的长处，弥补自身的不足。企业经营管理者平时要经常与他人进行沟通与交流，学习他人身上的闪光点，进而提升自己。

（2）勇于参加社会实践：能力的提升是一个循序渐进的过程，只有经过实践的多次锤炼，才能使自身的各方面能力得到完善和提高。

（3）对工作充满热情：企业经营管理者如果对自己的工作缺乏热情，将难以做到对工作的全身心投入，一旦遇到瓶颈，将很难坚持下去，相反，如果对自己的工作充满热情，将会在工作中迸发出无限的活力与创造力。

（4）提升抗挫折的能力：工作中难免会遭遇挫折甚至失败，如果遇到阻碍就一蹶不振，企业经营管理者将很难取得成功。在遇到困难时，企业经营管理者首先应该正视问题，客观看待工作中的逆境，其次深入分析问题产生的原因，最后找到解决问题的最佳方法并在事后及时进行总结反思。

第三章　职业探索

第一节　职业分类认知

职业探索是个人职业发展过程中至关重要的一步，也是帮助个人了解自己、发现职业机会和做出明智职业选择的重要过程。它可以帮助大学生确定职业目标，获取不同职业的信息和经验，并找到与自己价值观和能力相匹配的职业道路。通过职业探索，个人可以实现职业发展和个人成长的目标，提高职业满意度和工作动力。

一、职业的含义

职业是指在不同行业和组织中利用专门技能和知识，为社会创造物质财富和精神财富，从中获取合理报酬作为物质生活来源，并满足精神需求的工作角色或职位。一个职业可能需要特定的技能、知识和经验，以及对特定行业或领域的了解。例如，会计是一种职业。无论是在医药行业、金融行业还是其他行业，都需要会计来处理财务记录、报表和税务事务。会计在不同行业中可能会面临一些特定的挑战和要求，但他们的核心职责和专业技能基本相似。同样，其他职业如医生、律师、工程师、教师等也存在于多个行业和组织中。虽然这些职业的具体工作内容和要求可能会因行业而异，但他们在整个职业范畴内都拥有一些共同的特征和职业道德准则。总之，职业是指一种独立于个人而存在于不同行业或组织中的特定工作角色，其核心职责和专业技能在不同环境中可能会有所调整，但基本上保持一致。

二、职业的性质

职业作为个体在社会中从事特定工作的方式，具有多个方面的性质和特点。以下从社会性、经济性、技术性、连续性和差异化五个方面对职业性质进行阐述。

（一）社会性

职业具有明显的社会性质。首先，职业是社会分工的产物，其存在和发展是为了满足社会的多样化需求。其次，职业是社会组织的基本单位，人们通过不同职业与社会建立联系、产生互动。职业还为社会提供了多样化的服务和功能，涉及教育、医疗、法律、金融等各个方面。最后，职业的社会性也反映在其对社会稳定和发展的贡献上，良好的职业结构有助于维护社会和谐和秩序。

（二）经济性

职业是经济活动的重要组成部分，具有明显的经济性质。通过职业，个人可以获得收入和财富，实现自给自足和经济独立。不同职业的劳动价值不同，收入也具有差异。职业是生产力和生产关系的结合体，不同职业为社会创造了丰富的物质财富。此外，职业的经济性也体现在其对国家和地区经济的贡献上，职业的发展和繁荣有助于推动经济增长和社会发展。

（三）技术性

职业与特定的知识和技能相关联，具有明显的技术性质。不同职业要求不同的专业知识和技能，从事特定职业需要接受相应的教育和培训。职业的技术性决定了个体在职业中的表现和工作效率，也影响了职业的发展方向和需求。随着科技的进步，许多职业需要不断更新和学习新技术，保持适应性和竞争力。

（四）连续性

职业具有一定的连续性，即表现为在一定时间内持续从事特定的工作。个体从事职业经过较长的时间和持续的努力，从而形成相对稳定的职业生涯。职业的连续性使个体能够积累经验和专业知识，逐渐实现成长和发展。同时，职业的连续性也为个体提供了较为可靠的经济来源，保障了生活的稳定性。

（五）差异化

职业在不同行业和领域中具有差异化的特点。不同职业的性质和要求各不相同，涉及不同的知识、技能和工作条件。职业的差异化决定了个体在职业中的不同表现和特点。同时，职业差异化也为个体提供了广泛的选择空间，使其能够根据个人兴趣、能力和目标选择适合的职业路径。

综上所述，职业的性质从社会性、经济性、技术性、连续性和差异化五个方面展现出多样化的特点。职业作为个体在社会中实现经济独立和自我实现的方式，对个人的发展和社会的进步都具有重要意义。

三、职业的分类

职业的分类是指将不同类型的职业划分为不同的类别或系统。职业分类有助于组织和理解复杂的职业信息，并提供有关特定职业群体的信息。

《中华人民共和国职业分类大典》是我国有关职业分类的权威文件。2022 年 9 月，人力资源和社会保障部新修订的《中华人民共和国职业分类大典》（2022 年版）正式发布，它是以《中华人民共和国职业分类大典》（2015 年版）为基础的修订版本。与2015 年版的《中华人民共和国职业分类大典》相比，2022 年版的《中华人民共和国职业分类大典》对分类体系进行了修订。把新颁布的 74 个职业纳入大典当中。在保持八大类不变的情况下，净增了 158 个新的职业，现在职业数达到了 1639 个。

《中华人民共和国职业分类大典》（2022 年版）将我国职业归为 8 个大类，66 个中类，413 个小类，1838 个细类。具体分类如下。

第一大类：国家机关、党群组织、企业、事业单位负责人，其中包括 5 个中类，16 个小类，25 个细类。

第二大类：专业技术人员，其中包括 14 个中类，115 个小类，379 个细类。

第三大类：办事人员和有关人员，其中包括 4 个中类，12 个小类，45 个细类。

第四大类：商业、服务业人员，其中包括 8 个中类，43 个小类，147 个细类。

第五大类：农、林、牧、渔、水利业生产人员，其中包括 6 个中类，30 个小类，121 个细类。

第六大类：生产、运输设备操作人员及有关人员，其中包括 27 个中类，195 个小类，1119 个细类。

第七大类：军人，其中包括 1 个中类，1 个小类，1 个细类。

第八大类：不便分类的其他从业人员，其中包括 1 个中类，1 个小类，1 个细类。

第二节 职业环境认知

一、职业环境

职业环境是一个人在职业生涯中所面对的外部环境。大学生可以从社会环境、家庭环境和学校环境三个角度进行探索。

（一）社会环境

社会环境包含政治环境、经济环境、文化环境、科技环境等宏观因素。

1. 政治环境

政治环境包括政府政策、政治氛围、法律法规等方面。它对组织的发展、个人的职业机会和职业决策都可能产生重要的影响。政府制定的各种政策和法规可以直接或间接地影响职业环境。政府政策可能涉及税收、劳动法规、行业监管等，这些政策的变化可能会影响企业的经营策略和职位需求，从而影响个人的就业机会和职业规划。国家或地区的政治氛围也会对职业环境产生影响。政治稳定和积极的政治氛围通常有利于经济的繁荣和职业机会的增加，而政治动荡和不稳定可能导致经济不确定性，影响就业市场和职业发展。

2. 经济环境

经济环境的状况直接影响着就业市场。在经济繁荣时期，企业通常扩大业务，增加招聘需求，提供更多的就业机会。这时，求职者通常会面临更多的职业选择，也可能更容易找到心仪的工作。然而，当经济不景气或处于经济衰退时，企业可能会缩减规模，裁员率上升，失业率增加，从而造成就业市场竞争激烈，找工作变得更具挑战性。经济环境的好坏也会直接影响薪酬水平和福利待遇。在经济蓬勃发展时，企业通常能够提供较高的薪酬和更优厚的福利，以吸引和留住优秀的员工。而在经济不景气时，企业可能会为了降低成本而减少员工薪资和福利，导致员工收入下降和福利减少。经济环境的变化也会影响不同行业的发展趋势。在经济繁荣时期，某些行业可能会迅速扩张，提供更多的职业机会和发展空间，而在经济不景气时，一些行业可能会受到冲击，岗位减少，从业者可能需要转行或者面临失业风险。因此，对个人来说，选择一个具有良好发展前景的行业至关重要，这样才能在经济环境波动时保持竞争力。经济环境对于创业者也有重要影响。在经济繁荣时期，市场需求旺盛，消费者购买力强，创业项目有更大的机会获得成功。但在经济不景气时，创业风险会增加，创业者可能面临更多的挑战和困难。总体来说，经济环境对个人的职业选择和发展有着显著的影响。在不同的经济状况下，个人需要灵活调整自己的职业规划，积极适应市场变化，增强自身的竞争力，以应对经济环境带来的挑战和机遇。同时，政府也应该制定积极的经济政策，促进经济稳定和持续增长，为个人的职业发展创造更好的环境。

3. 文化环境

文化环境包括道德观、价值观、信念、行为规范和工作方式等。这种文化是由人们共同创造和传承下来的，每个国家的文化环境各有不同，它能够影响个人的态度、行为和工作氛围，进而对整个组织的绩效和成就产生深远影响。这就会导致某些职业可能更受尊重和认可，而另一些职业可能遇到偏见。例如，医生、教师、科学家等职业常常在许多文化中受到高度尊重，因为它们被认为是造福社会和他人的职业。相比之下，一些其他职业可能会受到轻视或被认为不那么值得追求。这种社会认可对个人的职业选择和职业发展产生影响，可能导致一些人更倾向于从事受社会尊重的职业，而不是追求自己真正感兴趣的职业。

文化环境中的行为规范和工作方式对职场中的个人和组织绩效都产生重要影响。不同文化中的工作态度、时间观念、沟通方式等可能存在差异。例如，一些文化中可能更注重集体主义和团队合作，而另一些文化中可能更强调个人主义和自主性。这些差异可能会影响个人在工作中的表现和与同事的相处方式，进而影响整个团队或组织的绩效和成绩。在一个拥有多元文化的社会中，职场中的人们来自不同的文化背景，理解和尊重不同的文化环境变得尤为重要。跨文化沟通能力成为必要的职业技能，能够帮助个人更好地与具有不同文化背景的同事合作，并解决因文化差异而产生的沟通障碍。借助跨文化理解，个人可以更加灵活地适应不同的文化环境，提升工作效率和团队合作水平。对个人来说，应在职业选择中坚持自己的兴趣和价值观，并逐渐培养跨文化理解和沟通技巧，以更好地适应多元文化的职场环境。对组织和社会来说，应该倡导包容性文化，鼓励和尊重各种不同职业和文化背景的人才，为员工提供一个融洽和谐的工作环境，促进个人和组织共同发展。

4. 科技环境

科技环境为职业环境带来了深远的影响。它为工作提供了更多的便利和机会。随着信息技术的不断发展，许多工作场所已经实现了数字化转型，包括使用电子邮件、办公软件、在线项目管理工具、视频会议系统等。数字化工具提高了工作效率，使信息共享和沟通更加便捷，同时也创造了更多的远程工作机会。自动化和人工智能技术的出现改变了许多职业的本质。自动化可以替代一些重复性和标准化的任务，从而使员工能够更专注于创造性的工作和高级决策。但同时，这也可能导致一些职位的减少或转型。科技环境促进了跨地域和跨时区的虚拟协作。团队成员可以通过各种在线协作平台进行远程工作，这为全球化的企业提供了更多的机会和挑战。科技环境使在线学习和远程培训成为可能。员工可以通过网络学习新技能和知识，提升自己在职场上的竞争力。科技环境提供了更多的数据收集和分析工具，使企业能够更好地了解市场趋势和客户需求。这些数据可以辅助决策，使管理层能够更明智地做出战略规划。

（二）家庭环境

家庭环境会对个人的职业发展和职业满意度产生深远的影响。在一个人的成长过程中，家庭是最早的社会化机构，家庭的教育方式、家庭成员的职业背景、家庭资源和家庭支持都会在很大程度上塑造个人的职业观念，影响其职业选择和职业发展。

1. 教育和培养

家庭环境中的家庭价值观和教育方式会影响一个人的职业兴趣、目标和决策。家庭的教育方式涉及家长对子女的教育方式和态度，以及家庭中是否鼓励个人的学习和自我发展。一个鼓励学习、尊重个人兴趣和支持个人发展的家庭，往往会培养出求知欲强和积极进取的个体。如果父母受教育程度高，那么他们会鼓励孩子广泛涉猎各种学科，并在学习中注重培养其创新思维。在这种家庭环境的影响下，孩子可能从小就对科学和技术产生浓厚的兴趣，从而长大后选择与专业技术相关的职业。

2. 家庭资源

家庭资源包括家庭的经济支持、家庭成员的职业背景和社会关系资源等，这些资源会影响一个人对不同职业的了解和选择。家庭的经济水平和稳定性会影响个人在职业选择上的自主性，有些家庭可能更倾向于选择稳定的职业，而有些家庭可能更支持其追求自己的兴趣和梦想。

3. 家庭支持

家庭环境是否支持个人在职业上的努力和决策，以及是否提供情感上的支持，对个人在职业环境中的适应和成长至关重要。家庭的支持和鼓励可以增强个人的自信心和决心，使其更有勇气面对职业中的挑战和困难。

（三）学校环境

学校环境是学生接受教育和培养的关键场所，它直接影响着学生的学习能力、社交技能和职业准备。在学校环境中，学习氛围、师资质量以及学习资源都扮演着重要角色，对学生的未来发展产生深远影响。因此，学校应该为学生提供职业导向，引导他们了解职业领域，从而做出更明智的职业选择。

1. 学业表现

学校环境中的学习氛围对学生的学业表现有着直接的影响。良好的学习氛围能够激发学生的学习兴趣和动力，使他们更加专注于学习。学校应该营造积极的学习氛围，让学生愿意主动参与学习活动，培养其对知识的渴望。这样的氛围不仅有助于学生取得更好的学业成绩，还能培养他们的自主学习能力，为未来的学习打下坚实基础。同时，师资质量也是学校环境中至关重要的一环。优秀的教师不仅能够传授知识，还能够激发学生的学习兴趣和学习热情。教师的教学水平和教学方法直接影响着学生的学习效果。在优秀教师的指导下，学生更容易理解知识、掌握学习方法，从而取得更好的学习成绩。

此外，学校提供的学习资源也是影响学生学业表现的关键因素。丰富的图书馆、实验室设施及先进的教学设备等都能为学生提供更多的学习机会和资源。学校应该积极投入资源，提供优质的学习设施，让学生在学习过程中有更多的实践机会，培养他们的动手能力和实际操作能力，使学习更加生动和有效。

2. 社交技能

学校环境是培养学生社交技能和人际交往的重要场所。在学校，学生会遇到具有不同文化背景的同学，他们需要学会与不同类型的人相处，理解和尊重彼此的差异。通过与同学、老师和学校其他工作人员的交往，学生能够养成良好的沟通能力和人际交往技巧。在学校中，学生还有机会参与各种社团组织和课外活动，这些活动为学生提供了锻炼社交技能的机会。学生可以通过参与团队活动，学会合作、协调，培养出团队合作的意识和能力。这些社交技能对学生未来的职业生涯非常重要，无论是与同事合作，还是与客户沟通，都需要良好的社交技能来建立良好的人际关系。

3. 职业导向

学校为学生提供职业导向和职业规划资源，帮助他们了解职业领域，从而做出更明智的职业选择。学校可以通过举办职业讲座、职业咨询会等活动，让学生了解不同职业的特点、发展前景和要求，帮助他们确定自己的职业目标。同时，学校还可以组织实习活动，让学生有机会亲身体验不同职业的工作环境，了解职业的真实情况。通过实习，学生可以更好地了解自己的兴趣和优势，为将来的职业选择提供参考。此外，学校还可以搭建就业信息平台，为学生提供就业信息和招聘信息。这样的平台能够让学生及时了解就业市场的动态，为他们提供更多就业机会。

二、职业发展趋势

职业发展的历史可以追溯到人类社会的起源。在漫长的发展历程中，受技术、经济、文化和社会变革的影响，人类的职业逐渐进行演变。早期人类主要以狩猎、采集和部落内部分工为生，职业选择相对简单。随着农业的发展，人类开始从事农耕和畜牧，形成了农民和牧民等职业。随着手工业的兴起，手工艺人逐渐成为重要的职业群体。工业革命是职业发展的重要转折点。在工业化进程中，工厂的大规模生产催生了工人阶级，工人和工会运动逐渐兴起。同时，管理、技术、商业等领域的职业也开始崭露头角。20 世纪以来，科技的飞速发展带来了新的职业领域，如计算机技术、信息技术、互联网和社交媒体等，为人们提供了更多的职业选择。当代，全球化和国际贸易的加速，跨国公司的崛起，也为职业发展带来了新的机遇和挑战。职业发展的历史过程是多样而复杂的，不断受到各种因素的影响与推动。随着时代的发展，职业的变迁将继续发展和演进。

（一）传统职业消失，新兴职业出现

正在消失和衰落中的职业大部分集中在第一、第二产业。科技的迅速发展，自动化、人工智能、大数据、物联网等技术的广泛应用导致某些传统职业消失和衰落，但同时也创造了很多全新的职业领域，特别是在数字领域和高科技行业。

（二）专业、技术、技能融会贯通

建立高素质复合型的技术技能人才队伍是当前中国经济社会快速发展和技术变革

背景下的一项重要任务。传统的专业技术人才和技能人才之间的壁垒已难以满足现代社会的需求。因此，实现专业、技术和技能的融会贯通，搭建人才发展的"立交桥"，对于提高人才素质、满足用人单位和社会需求、实现国家战略目标都具有重要意义。

（三）与第三产业相关的职业高速发展

第三产业成为现代经济的重要组成部分。随着服务业的快速发展，许多与之相关的职业，如数字营销、咨询顾问、社交媒体管理等，也迅速兴起。第三产业的发展为社会提供了更多的就业机会，并为大学生提供了更多的选择。

值得注意的是，职业发展趋势是动态变化的，而且可能因国家、地区和行业的不同而有所差异。对于未来的职业发展，重要的是保持灵活性、适应能力和持续学习能力，以便能够应对快速变化的职场环境。

第三节　职业探索的维度

要了解职业，不能孤立地了解其含义，还需要通过行业认知、组织认知和职位认知三个维度进行系统、客观地考量。行业认知帮助个人了解行业的发展趋势和机会；组织认知帮助个人了解不同组织的文化和价值观，以及职业发展的可能性；职位认知帮助个人了解具体岗位的职责和发展路径。

一、行业认知

在求职过程中，大学生往往先考虑理想的工作类型，却容易忽视其所处的行业。个人职业的发展受行业整体发展状况的影响，因此，大学生必须全面认识自己所在的目标行业，从而更好地进行职业生涯规划。

（一）行业分类

行业分类依据国民经济中的同性质生产或其他经济社会经营单位、个体的组织结构体系进行详细划分，如林业、汽车业、银行业等。它有助于解释行业本身所处的发展阶段以及行业在国民经济中的地位。

了解行业的分类对于大学生在选择职业时尤为重要。联合国的国际标准产业分类和国家统计局的国民经济行业分类标准对各种企业和机构进行了分类，大学生可以利用目标行业的分类编码获取职业和相关工作的信息。

（二）行业的生命周期

行业的生命周期是指一个行业从诞生到成熟再到衰退的发展过程，通常可以分为四个阶段：初创期、成长期、成熟期和衰退期。

1. 初创期

在初创期，一个新的行业正在兴起，并出现了新的技术、产品或服务。此阶段的公司和企业数量相对较少，创新和变革是主要特征。市场竞争激烈，风险高，但也存在巨大的机遇和回报。在这个阶段，企业需要积极寻求差异化竞争优势，不断创新和改进产品，以赢得市场份额并建立品牌认知。初创期的市场竞争激烈，胜出的企业通常是那些能够快速适应变化，创新能力强，同时拥有稳定战略规划的企业。

2. 成长期

当行业进入成长期时，市场开始需要新的产品和服务，此时的行业规模扩大，利润增长。随着利润增加，投资和竞争加剧，吸引更多的竞争对手进入市场，行业创新速度加快，市场份额争夺激烈。随着竞争加剧，市场需求逐渐饱和，厂商需要通过不断研发来提高生产技术、降低成本进而提高市场份额，但这往往只有技术力量和资金雄厚、经营有方的厂商才做得到，不能适应市场竞争的厂商将被淘汰。此阶段通常是行业繁荣和快速发展的时期。

3. 成熟期

成熟期是行业发展的相对稳定阶段。市场饱和，市场增长率减缓。主要竞争在于市场份额的争夺，企业之间的竞争更加激烈。价格竞争加剧，企业开始注重成本控制和效率提升。市场领导者相对稳定，而小型或不具备竞争优势的企业可能退出市场。在成熟期，企业需要更加注重市场细分和定位，开发新的销售渠道，提供个性化的产品和服务，以满足不同客户群体的需求。

4. 衰退期

当行业进入衰退期时，市场需求下降，利润减少，行业规模缩小。技术变革、市场饱和或消费者需求变化等因素可能加速衰退。此阶段，许多企业无法适应变化，产生亏损，甚至破产。衰退期是行业重组或者消亡的阶段。企业需要积极应对挑战，寻找新的增长点，创新业务模式，或者进行资源整合以实现生存和可持续发展。对于一些行业而言，衰退期也可能是转型的时机，可以寻求新的发展机会。

需要注意的是，不同行业的生命周期可以因多种因素产生差异，且一个行业的不同细分市场也可能处于不同的生命周期阶段。求职者应密切关注行业的发展过程，把握职业机会，做出正确的选择。

二、组织认知

认知组织是职业决策、职业转型和晋升过程中的关键因素。大学生要了解、理解和感知组织的文化、价值观、目标和战略等。

组织通常指由若干个人或群体所共同组成的集体、团体或机构，旨在实现共同的目标或目的。组织包括企业、学校、政府部门、非营利组织等。它们通过规定的结构、职责和流程来协调和管理成员的活动，以达成既定的目标。不同组织有不同的文化、价值观和工作氛围。通过对组织内部环境的分析，可以了解组织的发展概况、运行情况、内部文化和发展前景等信息，这有助于制订合理的职业规划。了解目标组织的情况可以帮助个人更好地适应组织的文化和价值观，并根据组织的发展前景进行职业规划，选择与组织目标相符合的职业发展路径。企业是最常见的组织形式，它通过从事经济活动来生产、流通和提供服务，以满足社会的需求。企业具有自主经营、自负盈亏、独立核算、依法设立等特点，是一种营利性的经济组织。以下从企业角度对组织进行探索。

（一）企业分类

以工商行政管理部门对企业登记注册的类型为依据，将企业登记注册类型分为以下几种，见表3-1。

表3-1　企业登记注册代码与类型

代码	企业登记注册类型
100	内资企业
110	国有企业
120	集体企业
130	股份合作企业
140	联营企业
141	国有联营企业
142	集体联营企业
143	国有与集体联营企业

代码	企业登记注册类型
149	其他联营企业
150	有限责任公司
151	国有独资公司
159	其他有限责任公司
160	股份有限公司
170	私营企业
171	私营独资企业
172	私营合伙企业
173	私营有限责任公司
174	私营股份有限公司
190	其他企业
200	港、澳、台商投资企业
210	合资经营企业（港或澳、台资）
220	合作经营企业（港或澳、台资）
230	港、澳、台商独资经营企业
240	港、澳、台商投资股份有限公司
290	其他港、澳、台商投资企业
300	外商投资企业
310	中外合资经营企业
320	中外合作经营企业
330	外资企业
340	外商投资股份有限公司
390	其他外商投资企业

（二）企业文化

企业文化是企业内部共享的价值观体系。它是在企业发展过程中形成的，是企业最宝贵的无形资产。企业文化包含经营哲学、价值观念、企业精神、企业道德、团体意识、企业形象、团队意识等内容。了解企业文化的方法和途径很多，如实地参观、与员工交流和研究企业网站等。

（三）企业基本信息

主要了解企业的基本情况，包括经营战略、发展目标、组织机构、运行状况、领导者的管理水平、福利薪酬等。

（1）经营战略：它是企业成功的基础，涵盖了核心业务、市场定位和竞争策略。企业的核心业务可以揭示其在特定领域的专长和竞争优势，而市场定位和差异化策略则决定了企业在市场中的地位，帮助大学生判断企业是否拥有稳定的市场地位和竞争优势。

（2）发展目标：它是企业长期规划的体现，涉及销售增长、市场份额、利润率等。企业的发展目标可以帮助大学生预测其未来的发展走向，以及是否有能力实现所设定的目标。这些目标也反映了企业对自身发展的追求，对投资者和合作伙伴均具有重要的信息价值。

（3）组织机构：它是企业内部运作的重要组成部分。企业的部门设置、职能分工和管理层级可以帮助大学生了解企业内部的协作和决策流程。有效的组织机构有助于企业内部的高效运作和协同合作，从而推动业务的发展。

（4）运行状况：它是评估其财务健康和盈利能力的关键指标。通过了解收入、支出、利润等财务数据，可以判断企业是否稳定盈利、是否有持续的、健康的财务状况，这有助于大学生评估企业的可持续性和经济实力。

（5）领导者的管理水平：它对企业的发展有着深远的影响。企业领导者的领导风格、管理能力和决策方式，可以判断企业是否拥有稳定的管理基础和良好的企业文化。领导者对企业的管理和发展方向具有决定性作用，因此他们的能力和影响力不容忽视。

（6）福利薪酬：它是影响员工满意度和留任率的重要因素。企业提供给员工的薪资水平、福利计划和培训机会，可以判断企业是否关注员工的职业发展，这也影响员工的积极性、创造力以及企业整体的稳定性。

三、职位认知

职位认知帮助大学生更好地了解自己的兴趣、技能和职业目标与不同职位的匹配度。通过深入研究职位职责、技能要求和发展前景，大学生能够做出明智的职业决策，并制订有效的职业发展规划。

职位是指在特定组织或机构中所担任的具体工作岗位或职务。它是针对组织内部的特定职责和职位要求而定义的。同一个职业在不同的组织中可能会有多个不同的职位，每个职位具有特定的工作职责、职位级别和要求。例如，会计师这个职业可以对应不同的职位，如财务会计、财务主管会计、财务总监等。

职位形成于组织划分出某个知识领域或一套技术任务时，这些任务的完成将使整个组织运转得更好。例如，A 公司、B 公司、C 公司决定，公司需要有个人来完善员工、顾客和投资者之间的信息传递过程。公司撰写了一个叫"沟通专员"的新职位说明，继而雇人完成这项工作。

虽然人们找工作时通常会申请一个空缺的职位，但无论该职位空缺与否，这个职位都是存在的。一个人可能一生中会在许多不同的职位上工作，即使是在同一个机构或同一个职业里。

第四节　职业探索的方法

在职业生涯规划中，职业探索是一个关键的步骤，它能帮助大学生更好地了解自己的兴趣、价值观、技能和职业目标。以下将介绍一些有效的职业探索方法，帮助大学生探索各种职业选择的可能性。

一、调查法

调查法是一种有计划、有目的、系统地搜集相关职业信息的方法。在这个过程中，可以使用静态调查法和动态调查法。

（一）静态调查法

静态调查法主要是通过搜寻已有的资料和信息，以了解与自己所学专业相关的就业状况、行业发展趋势、职业前景等。这些资料可以包括调研报告、统计数据、市场分析等。大学生可以从各种渠道获取这些信息，如就业指导中心、招聘网站、专业协会、行业报告等。这些资料可以帮助大学生了解目前就业市场的情况和自己所学专业的就业前景，有助于制订未来的职业规划。

（二）动态调查法

动态调查法则是通过主动开展个人或团体调研，直接与相关的职业人士进行交流和访谈，以深入了解具体的职业信息和行业实践。这可以通过实习、参观企业、参加职业展会等方式实现。通过动态调查的方法，大学生可以更加全面地了解职业的具体内容、工作环境、挑战和机会，从而更好地做出职业选择。

综合运用静态和动态的调查方法，可以更好地掌握与自己相关的职业信息，有针对性地制订自己的职业发展计划。了解自己的性格、兴趣、专业特长以及职业市场的需求是职业规划的关键，而调查法为这一过程提供了一种科学、系统的方法。

二、访谈法

访谈法是一种通过与已经在职业领域成功发展的人进行交流，了解他们的职业经历和故事，以启发自己的职业规划的方法，这种方法涵盖以下步骤。

（一）确定访谈对象

大学生应该选择在相关职业领域成功发展的人或者是对自己的职业生涯有启示作用的榜样作为访谈对象。为防止访谈存在过多主观影响，访谈对象通常应不少于3人，包括行业专家、企业领导和职业导师等。

（二）访谈准备

一旦选择了访谈对象，需要与对方进行联系，并请求安排访谈时间。可以通过电子邮件、电话、社交媒体或其他适当的方式与对方沟通。在访谈前，准备一份问题列表是必要的。问题应涵盖对方的职业经历、职业选择、面临的挑战、成功经验、职业发展建议等方面。确保问题具有针对性和启发性，能够引导对方分享有价值的经验。

（三）访谈记录

按照预定时间进行实地或在线访谈。在访谈过程中，保持积极的沟通态度，倾听对方的回答，适时追问细节问题，深入了解对方的职业生涯和成功经验。将访谈过程录音或记录下来，确保回顾访谈内容时，不会遗漏重要信息。

（四）总结与梳理

访谈结束后，首先，将访谈记录整理成文字或文本形式，确保内容准确和清晰。从访谈中提取出成功人士的经验和教训。思考他们的职业选择、面对挑战的态度、克服困难的方法，以及他们在职业发展中的策略和建议。其次，根据整理出的访谈材料，撰写一篇访谈稿或分享经验的文章，可以是一篇采访报道，也可以是一篇分享成功人士经验的文章。最后，学习并应用从访谈中获得的经验和教训，将这些宝贵的经验应用到自己的职业生涯中，有助于提高自己的职业发展水平。

通过职业生涯人物访谈，可以从成功人士身上汲取智慧和经验，为自己的职业发展指引方向，同时也可以通过分享这些宝贵的经验，帮助他人在职业道路上获得启示和指导。

下面列出一些职业生涯人物访谈的常见问题，供大学生参考。

（1）您是如何进入这个行业／职业的？您选择从事这个职业的原因是什么？

（2）在您的职业生涯中，遇到过哪些挑战？您是如何应对和克服这些挑战的？

（3）您认为在这个行业／职业中取得成功的关键是什么？您是否有一些特定的成功经验或秘诀？

（4）在您的职业生涯中，最令您自豪的成就是什么？您是如何达到这些成就的？

（5）您觉得自己的个性特点和职业发展有何关联？您的性格特质如何帮助您在职业生涯中取得成功？

（6）在您的职业领域中，有哪些关键的技能和知识是必需的？您是如何不断学习和提升自己的？

（7）您在职业生涯中是否有过转折点或重要的决策？这些决策是如何影响您的职业发展的？

（8）对于那些希望进入您所在行业的学生或年轻人，您有什么建议或指导？

（9）您觉得个人职业规划对于职业成功有多重要？您是如何进行职业规划的？

（10）在您的职业生涯中，您是否曾经面临过工作与生活平衡的挑战？您是如何处理这种平衡的？

（11）您认为未来该行业／职业的发展趋势是什么？您对年轻人在该行业寻找机会有什么看法？

这些问题可以根据访谈对象的职业特点和个人经历进行调整和补充。在进行访谈时，建议大学生提前做好充分准备，尊重对方的时间和隐私，以开放的心态倾听对方的经验和建议。通过职业生涯人物访谈，大学生可以从成功人士的经历中获取宝贵的启示，为自己的职业规划做出更明智的决策。

三、网络信息搜集法

网络信息搜集法是利用互联网资源，收集与职业相关的信息的方法。大学生可以通过搜索引擎、职业网站、社交媒体等途径，了解不同职业的岗位需求、发展前景和薪资水平等信息。例如，大学生可以通过各种求职网站、各个城市的人才招聘网站及各大高校就业中心的网站，还有一些提供招聘信息的微信公众号、微博等渠道了解职业信息。这种方法的优势在于信息获取快捷方便，可以随时随地进行调查。值得注意的是，网络虽然含有海量的职业信息，但信息质量良莠不齐，很多恶意信息、虚假信息都充斥其中，一定要提高警惕，确认职业信息的可靠性。

四、实习体验法

实习体验法是一种通过参与实际工作环境，深入了解特定职业领域的方法。这种方法为大学生提供了宝贵的机会，帮助他们更深入地了解自己所学专业所涉及的实际应用和行业要求。大学生可以搜索相关公司、机构等提供的实习岗位，特别是一些大型企业会在暑期提供实习岗位。通过暑期实习，亲身感受职场环境，了解职业的真实情况。在实习体验中，可以学到以下内容：第一，了解工作内容。了解职业的日常工作内容和职责是否与自己的兴趣和技能匹配。第二，技能培养。实习期间，大学生有机会学习和发展与职业相关的实践技能，提高自己在该领域的竞争力。第三，认知行业文化。感受企业或机构的文化氛围，了解行业内的职业规范和价值观。第四，寻找职业导师。在实习中，学生可能结识导师或领导，从他们那里获取职业建议和指导。

除此之外，还有一些政府组织、社会团体、学生社团等活动，例如，职业生涯规划大赛、创新创业大赛等活动可以提供模拟职业环境的体验。与职场人士交流和接受点评，有助于学生了解职业职位的要求，同时增强其对职业规划的自信和准备。

职业探索是职业生涯规划中不可或缺的环节，通过有效的方法和途径，大学生能够更好地了解自己的兴趣、价值观和能力，并探索各种职业选择的可能性。鼓励大家积极尝试不同的职业探索方法，并结合自身的情况和目标，制订出适合自己的职业发展策略。

第四章　职业生涯决策

第一节　职业生涯发展认知

一、职业生涯的概述

（一）生涯的含义

生涯是个人通过从事各种工作和活动所创造出的有目的、延续不断的生活模式。它建立在个人的独特经历之上。尽管可能有相似的兴趣、技能和职业选择，但由于每个人所处的环境和个性等因素的不同，他们的生涯也就不同。人一生中会扮演很多种社会角色，其中较为重要的就是职业角色。

（二）职业生涯的含义

职业生涯是指人一生中所有与职业相关联的行为和活动，以及愿望、价值观、态度等的连续经历的过程，也是人一生中职业、职位变迁及工作与理想实现的过程。

（三）职业生涯的特点

1. 发展性

职业生涯是一个不断成长和发展的动态过程。不同的人生阶段，人们会有不同的目标追求。在这个过程中，人们通过学习新技能、获得经验、拓宽视野和接触不同领域，逐步实现自己的职业目标。职业生涯的发展性意味着不断适应和应对变化，以适应职场和行业的发展趋势。

2. 终身性

职业生涯是伴随一生的过程，而非局限于一个特定阶段或工作岗位。人们可能在整个生涯中经历多个职业阶段和转折点。因此，职业生涯规划不仅要考虑当前的职业目标，还要考虑长期的职业发展。

3. 独特性

职业生涯的发展受到许多因素的影响，如资金、资源、团队关系、社会阶层、心理健康、个性、教育水平和经历、身体素质和特质以及机遇等都会影响一个人的职业生涯道路。这些因素并不是孤立的，而是相互关联、相互影响的。在这些因素复杂交织和共同作用下，使每个人的职业生涯都是独一无二的，并且在其演变过程中会受到这些不同因素的影响。这也解释了为什么即使两个人从事相同的职业或工作，他们的职业生涯仍然截然不同。

4. 综合性

职业生涯涉及个人生活、家庭、教育、社交和经济因素等多个方面。综合性意味着要在职业生涯规划中平衡这些不同的方面，以实现个人整体的幸福和满足感。职业决策通常不是孤立的，而是与整体生活紧密相关的。

二、职业生涯的发展阶段

职业生涯发展阶段的划分理论有很多，这里主要介绍舒伯的职业生涯发展理论和金斯伯格的三阶段发展理论。

（一）舒伯的职业生涯发展理论

舒伯是美国职业发展心理学家，被誉为职业发展理论之父。他的主要贡献是在职业生涯发展领域提出了著名的"职业生涯发展理论"，为理解个体在职业生涯中的成长和变化提供了重要的理论框架。职业生涯发展理论是关于个体在职业生涯中的发展和决策过程的理论。该理论强调个体在职业发展中的连续性和变化性，认为职业生涯是一个持续的、不断发展的过程，而非一次性的决策。

舒伯将职业生涯分为五个阶段，每个阶段有其独有的特征和发展任务。这些阶段描述了个体在职业生涯中的不同发展阶段，以及在每个阶段所面临的职业发展需求和挑战。

1. 成长阶段

成长阶段通常发生在儿童和青少年时期（0～14岁），从学生进入学校开始，一直到完成学业。在成长阶段，个体开始对不同职业和领域产生兴趣，并开始探索自己的职业倾向。发展任务包括获取教育知识和技能，了解自己的兴趣和能力，并形成初步的职业目标。在成长阶段，个人开始对职业有初步的认识和兴趣，可能受到家庭成员、老师、朋友等的影响。个人会接触不同的活动和学科，培养自己的兴趣爱好，这些均可能会对未来的职业选择产生影响。在成长阶段，教育是关键，它为个人未来的职业发展奠定了基础。

2. 探索阶段

探索阶段通常发生在青少年和青年时期（15～24岁），个体在这个阶段会积极地探索各种职业选择和发展机会。个体可能会参与实习、兼职或志愿工作，以积累经验并更好地了解职业的实际情况。发展任务包括明确职业兴趣、探索不同职业领域和培养决策能力。此时，个体可能会对未来的职业道路感到迷茫和不确定。通过实践和探索，他们逐渐了解自己的职业兴趣、能力和价值观。

3. 确立阶段

确立阶段通常发生在成年早期（25～44岁），个体开始进入职业领域，建立起自己的职业身份和地位。在确立阶段，个体会寻求长期稳定的职业发展，追求个人职业目标，并在职业中不断发展和进步。发展任务包括稳定就业、建立职业声誉和实现个人职业目标。在确立阶段，个人会有较为稳定的职业发展空间，并在所选的职业领域中有所成就，甚至可能会追求更高的职位和更大的职业发展机会。在确立阶段，个人可能也需要平衡工作和家庭责任。

4. 维持阶段

维持阶段通常发生在成年中期（45～64岁），个体在这个阶段可能已经取得了一定的职业成就，开始在职业中稳步前进。在维持阶段，个体会努力保持职业发展的稳定性，处理职业中的挑战和压力，并可能考虑职业的进一步发展和转变。发展任务包括适应职业变化、发展自己的专业技能和平衡职业与个人生活。在维持阶段，个人可能会取得显著的职业成就，并在职场中享有一定的威望和地位。有些人可能会在维持阶段考虑职业转型，例如，选择从全职工作转为兼职或退休前的准备。个人的职业满足度可能会影响其是否继续从事当前职业。

5. 衰退阶段

衰退阶段通常发生在成年晚期（65岁以上），随着个体进入职业生涯的后期。在衰退阶段，个体可能会面临退休、职业退缩或职业角色的转变。发展任务包括适应职业退休、回顾职业生涯和传承经验。在衰退阶段，个人可能需要进行退休规划，包括财务准备和生活调整等。回顾自己的职业生涯，思考和总结所取得的成就和经验。随着退休，个人的社交圈可能会发生变化，需要适应新的社交模式。

（二）金斯伯格的三阶段发展理论

金斯伯格的三阶段发展理论是一个关于职业生涯的理论框架，由美国心理学家唐纳德·金斯伯格在20世纪提出。该理论认为，职业生涯可以划分为三个主要阶段：幻想阶段、尝试阶段和现实阶段。每个阶段都代表着个人在职业发展中不同的心理和行为特征，而这些阶段是在个人成长和经验积累的基础上逐渐发展起来的。

1. 幻想阶段

幻想阶段发生在儿童和青少年时期，通常在4～11岁。在这个阶段，孩子们开始形成关于未来职业的梦想和愿望。这些梦想可能会受到他们所接触到的职业、社会角色以及对不同职业的认知程度的影响。在幻想阶段，孩子们通常对职业有着不同程度的浪漫化和理想化认知，并可能受到父母、老师、电视、书籍等影响形成对特定职业的兴趣。在幻想阶段，孩子们开始构想自己未来的职业，并可能因为职业的表面吸引力而产生浪漫化的看法。孩子们可能通过模仿和玩"职业游戏"，以探索不同职业的特点和角色。家庭、社会、媒体等因素会对孩子们的职业幻想产生影响。

2. 尝试阶段

尝试阶段发生在青少年和早成年期，通常在12～17岁。在这个阶段，个人开始实际尝试不同的职业选择，并逐渐意识到自己的职业兴趣、能力和价值观。这是一个探索和试错的阶段，个人通过实践和经验逐渐了解自己的职业倾向和目标。在尝试阶段，个人可能会选择不同的教育路径，尝试不同的实习或工作，以获取更多关于自己和职业的信息。在尝试阶段，个人通过实际行动了解自己的职业兴趣和能力，逐渐筛选出适合自己的职业方向。个人可能会对自己的职业角色和定位感到困惑，还没有完全找到适合自己的职业身份。个人需要做出关于学习和职业发展的重要决策，以便为未来的现实阶段做好准备。

3. 现实阶段

现实阶段发生在成年期，通常从18岁开始。在这个阶段，个人已经较为清晰地了解自己的职业兴趣、能力和价值观，并开始着重发展和追求自己的职业目标。在现实阶段，个人通常会选择一条相对稳定和可持续发展的职业道路，并不断努力提升自已的职业能力和经验。在现实阶段，个人已经做出职业选择，并致力于在特定领域或职业中建立稳定的职业生涯。个人寻求职业发展和晋升的机会，不断提升自己的职业能力和知识水平。个人可能会面临职业变革的挑战，需要适应社会和行业的变化。

第二节　职业生涯决策认知

在现代社会，职业选择对个人的成长和幸福感起着至关重要的作用。因此，认知职业生涯决策成为一个必要的能力，能够帮助个人做出明智的职业选择，实现自身的职业目标。

一、职业生涯决策的定义

"决策"一词意思就是选择或作出决定。在面对不同选项或情境时，经过思考、分析和评估后，选择一个最佳行动方案。这涉及权衡利弊、风险和潜在结果，以便做出明智的选择。人类自古以来就在进行决策，而决策科学化则始于20世纪初。第二次世界大战后，决策研究汇集了行为科学、系统理论、运筹学、计算机科学等多个学科的成果，结合实践，发展成为研究人类正确决策模式的决策学。决策学探讨决策范围、范畴、概念、原则、结构、决策程序、决策组织、决策方法等，并探寻这些理论和方法在实际应用中的规律。随着决策理论与方法的深入发展，决策已贯穿社会、经济、生活等领域。以下重点学习职业生涯决策。

职业生涯决策是指个体在面临职业选择和职业规划时，通过对信息的获取、处理、分析和评估，以及对自身价值观、兴趣爱好、能力和目标的认知，做出理性和合适的决策的过程。这是一个复杂的认知过程，涉及对不同职业领域的了解，对可能的职业发展路径的思考，以及综合考虑因素如薪资、工作环境等做出最佳选择。

对于正确理解职业生涯决策的概念，应把握以下几层意思。

（1）需要明确的目标。职业生涯决策旨在解决问题或实现特定目标，明确目标是首要步骤。问题和目标必须清晰具体，缺乏明确目标将导致盲目决策。

（2）需要多个备选方案。职业生涯决策实质上是在多个行动方案中做出选择。单一备选方案将不构成决策的情况，至少要有两个或更多备选方案，以便进行比较和选择，从中选取最合适的方案作为行动计划。

（3）需要付诸实践。选择了方案却不付诸实践，等于没有真正进行决策。职业生涯决策不仅是认知过程，还是实际行动的过程。

二、职业生涯决策的类型

职业生涯决策的类型由个体的决策风格决定，而决策风格是可以通过后天的学习和经验逐渐养成的。在研究职业生涯决策风格的过程中，研究者们发现，按照个人对自我和职业的了解水平，职业决策类型可分为理性型、直觉型、依赖型和犹豫型（表4-1）。

表 4-1　四种决策风格的差异比较

类型	时间		信息		自主性		连续性	
	早作决定	迟作决定	信息充分	信息缺乏	自主	依赖	一致	多变
理性型	√		√		√		√	
直觉型	√			√	√		√	
依赖型		√		√		√		
犹豫型		√	√			√		√

（一）理性型

理性型决策风格以周全的探求，对选择的逻辑性评估为特征。理性型的决策者崇尚逻辑分析，往往在系统收集足够的自我和环境信息的基础上权衡各个选项的利弊得失，按部就班地做出最佳的决策。理性型决策风格是比较受推崇的决策方式，强调综合全面地收集信息、理智地思考和冷静地分析判断，是其他决策风格的个体需要培养的一种良好的思考习惯。但理性型的决策风格也并不一定就是理想的、完美的决策方式，即使采用系统的、逻辑的方式，也会出现因为害怕承担决策的后果而不能整合自己和他人重要观点的困扰。

（二）直觉型

直觉型决策风格以依赖直觉和感觉为特征，比较关注内心的感受。直觉型的决策风格以自我判断为导向，在信息有限时能够快速做出决策，当发现错误时能迅速调整决策。这类决策风格的人以自己在特定情景中的感受或者情绪反应，直接凭感觉做出决定，由于以个人直觉而不以理性分析为基础，这类决策发生错误的可能性较大，因此易造成决策的不确定性，容易丧失直觉型决策者的信心。

（三）依赖型

依赖型决策风格以寻求他人的指导和建议为特征。依赖型的决策者往往不能够承担自己做决策的责任，常常是等待或者依赖他人为自己收集信息做出决定，期待分摊风险和责任。这类决策者常以社会赞许、社会评价和社会规范作为做决定的标准，做选择时十分注重他人的意见和期望，比较被动和顺从。但是，过分依赖他人的指导和建议可能会导致负面的影响，依赖型决策者需要把握好生活中重要他人对自己的影响程度。

（四）犹豫型

犹豫型决策风格以试图回避做出决策为特征。犹豫型的决策风格是一种拖延、不果断的方式。面对决策问题会产生焦虑的决策者，往往因为害怕做出错误决策而做出这样的反应。这往往是由于决策者不能够承担做决策的责任，而倾向于不考虑未来的方向，不去做准备，不知道自己的目标，也不思考，更不寻求帮助。这样的决策者更容易受到学校等支持系统的忽略。所以，这类学生需要意识到自身的决策风格及其可能造成的危害，努力调整，增强职业生涯规划的意识和动机，才能从根本上得到帮助。

三、职业生涯决策的影响因素

个体的职业选择会受到多种因素的影响。这里详细介绍安妮·罗伊的职业选择公式。安妮·罗伊是一位著名的美国心理学家和职业指导专家，她对职业生涯决策的研究为了解职业选择和发展提供了深刻的洞察。安妮·罗伊提出的职业选择公式是一个复杂的模型，其中包含了 12 个影响职业生涯决策的因素，分为四个不同的类别。这些因素均会影响个体的职业选择过程，因为每个人的个人特质和经历的不同，每个人的公式都是独特的。安妮·罗伊的职业选择公式如下：

职业选择 $= S [(eE + bB + cC) + (fF, mM) + (IL + aA) + (pP \times gG \times tT \times iI)]$

式中：S 为性别；E 为总体经济状况；B 为家庭背景，种族；C 为机遇；F 为朋友，同伴群体；M 为婚姻状况；I 为兴趣和价值观；L 为一般的学习和教育；A 为后天习得的特殊技能；P 为生理特征；G 为认知能力或特殊天赋；T 为气质与个性。

罗伊的公式使用小写字母表示校正系数，用大写字母表示一般因素。除了性别因

素 S 外，其他 11 个因素都会受到个人独特品质的影响。值得注意的是 S 因素前没有调节系数，S 因素是影响其他所有 11 个因素的总调节系数。

罗伊将这些因素（除 S 因素外）分为四组，前面第一组是不可控因素。包括性别、总体经济状况、朋友、同伴群体、婚姻状况、家庭背景、种族和机遇。这些因素通常是个体无法直接控制的。后面三组包含遗传因素、后天经验因素。遗传因素包括一般的学习和教育、后天习得的特殊技能和生理特征。这些因素在一定程度上与个体的遗传和生理特征相关。后天经验因素包括认知能力或特殊天赋、气质和个性、兴趣和价值观。这些因素是个体在后天发展过程中形成的，可以通过学习和经验进行培养和塑造。

罗伊的理论可帮助大学生更深入地理解职业生涯决策的复杂性，同时强调了个体在职业选择和发展中的主动性和自主性。通过认识自己的特质和经历，以及积极地学习和发展个人能力，个体可以更好地认知和规划自己的职业生涯。

第三节　职业生涯决策方法

职业生涯决策是一个复杂而关键的过程，它涉及个人兴趣、能力、价值观、目标以及职业市场的需求和趋势。这里主要介绍 5W 法、SWOT 分析法、CASVE 循环三种职业生涯决策方法，帮助个人做出明智的职业选择和规划。

一、"5W"法

"5W"法是一个用于决定职业方向的简单问题分析方法，包含以下五个问题。

What（什么）？指希望从事工作或职业的类型。这个问题涉及个人对自己的兴趣、技能、价值观以及职业目标的认识。考虑个人的兴趣爱好、最擅长的领域，以及希望在职业生涯中实现的目标。审视自己的兴趣和热情，思考在哪些领域感到最有成就感。将个人价值观与不同职业领域的价值观进行对比，找到自身价值观相符的职业。深入了解感兴趣的职业，包括职责、工作环境和薪资等方面的信息。

Why（为什么）？为什么选择这个职业？这个问题涉及动机和动力。思考为什么这个职业重要，它如何与个人的价值观和人生目标相契合，以及它对职业生涯和个人成长有何积极影响。确定从事该职业的具体目标，如实现自我成长、为社会做贡献等。思考内心的动力和推动个人前进的因素，以便更好地理解职业动机。

Where（在哪里）？希望从事这个职业的地理位置和环境如何？这个问题涉及地理位置的选择，包括城市或国家，以及职业环境的性质，如大公司、小公司、政府机构或非营利组织等。了解不同行业的发展前景和就业机会，选择适合自己的行业。考虑个人所在地区的职业机会，或者是否愿意搬迁到其他地方发展职业。

When（何时）？希望何时开始追求这个职业？这个问题涉及时间安排。需要考虑个人的职业规划，获得必要的技能和资格的时间，以及职业生涯的阶段性目标。将长期职业目标划分为短期和长期目标，并制订相应的计划。考虑个人生活和职业发展的时机，确定何时着手实现职业目标。

Who（谁）？需要哪些资源和支持？这个问题涉及所需要的帮助和支持。思考需要哪些教育或培训、是否需要导师等专业人士的指导，以及是否有社会支持系统来支持职业决策和发展。与经验丰富的人交流，寻求他们的职业建议和指导。建立支持网络，与那些可以支持个人职业决策的人保持联系。

职业决策"5W"法是一个有助于深入思考和分析职业选择的重要方法。通过回答这五个关键问题，大学生可以更清晰地了解自己的职业目标、动机和适合的环境，帮助其做出明智且符合个人需求的职业决策。然而，这只是决策过程中的一部分，后续还需要进一步的规划和行动来实现职业愿景。职业决策是一个持续发展的过程，灵活应对变化，并不断调整决策是至关重要的。

二、SWOT分析法

职业决策的 SWOT 分析法是一种常用的自我评估工具，它帮助个人了解自己在职业发展中的优势、劣势、机会和潜在威胁。SWOT 分析可帮助个人更深入地了解自己的优势和劣势，有助于发现职业环境中的潜在威胁和风险，让个人能够提前做好准备，从而在职业决策中更加明智地选择适合自己的职业道路。

（一）SWOT 分析法的内容

1.Strengths（优势）

这是指个人在职业发展中具备的内在优势和优势资源，可以包括技能、知识、经验、性格特点、兴趣爱好，以及任何其他与职业发展相关的优点。了解自己的优势有助于确定哪些方面是独特的和具有竞争力的。假设某个人在市场营销领域拥有丰富的经验和专业知识，善于沟通和建立人际关系，那么这些都是他的优势，可以使他在寻求市场营销经理职位时具备竞争优势。

2.Weaknesses（劣势）

这是指个人在职业发展中存在的内在弱点和不足之处。可能是缺乏某些必要的技能或经验，或者可能是性格特点影响了职业发展。了解自己的劣势有助于识别需要改进的方面，或者可以通过学习和发展可增强的能力。假设某个人在英语表达能力方面较弱，同时对数字分析也不是很擅长，那么这些都是他的劣势，他可能需要加强语言培训和提高数字分析技能，以提升竞争力。

3.Opportunities（机会）

这是指个人在职业发展中可能遇到的外部机会和有利条件。这些机会可能来自行业趋势、市场需求、技术进步、人际关系等方面。认识到机会有助于抓住有利时机，发挥优势。假设某个人所在的城市正在兴起一种新兴产业，而他正好具备相关的技能和经验，那么这为他在该产业中找到新的职业机会提供了有利条件。

4.Threats（威胁）

这是指个人在职业发展中可能面临的外部威胁和挑战。威胁可能包括竞争对手、经济不稳定、行业衰退、技术变革等。了解自己可能面临的威胁有助于做好应对策略，减少负面影响。

以下为一个实际案例。李想是一名市场营销专业的大学毕业生，他正在考虑自己的职业发展方向。他进行了 SWOT 分析来帮助他做出决策（图 4-1）。

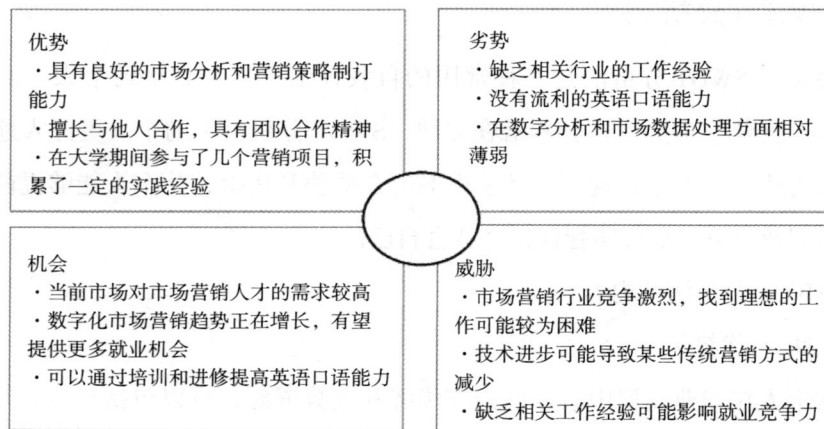

优势	劣势
·具有良好的市场分析和营销策略制订能力 ·擅长与他人合作，具有团队合作精神 ·在大学期间参与了几个营销项目，积累了一定的实践经验	·缺乏相关行业的工作经验 ·没有流利的英语口语能力 ·在数字分析和市场数据处理方面相对薄弱
机会	威胁
·当前市场对市场营销人才的需求较高 ·数字化市场营销趋势正在增长，有望提供更多就业机会 ·可以通过培训和进修提高英语口语能力	·市场营销行业竞争激烈，找到理想的工作可能较为困难 ·技术进步可能导致某些传统营销方式的减少 ·缺乏相关工作经验可能影响就业竞争力

图 4-1　SWOT 分析

基于 SWOT 分析，得出以下结论。

李想的优势是良好的营销策略能力和团队合作精神，这为他在市场营销领域找到一份理想的工作提供了优势。然而，他需要克服劣势，提高英语口语能力，并通过实习或实践项目获得相关工作经验。市场营销领域的机会很多，但需要紧跟行业数字化趋势和技术进步的步伐。综合考虑后，李想决定先参加相关的英语口语培训，同时主动寻找实习和营销项目机会，以增加他在市场营销领域的竞争力。

（二）SWOT 分析的步骤

（1）收集信息：仔细回顾自己的经历、技能、性格特点、兴趣爱好等，同时了解行业趋势和职业市场的信息。

（2）列出优势和劣势：基于信息，列出自己的优势和劣势。

（3）发现机会和威胁：分析外部环境，发现可能的机会和威胁。

（4）进行交叉分析：将优势与机会结合，看看如何发挥自己的优势来利用机会；将劣势与机会结合，考虑如何改进自己来应对机会；将优势与威胁结合，思考如何发挥优势来应对威胁；将劣势与威胁结合，寻找可能的改进方法来应对威胁。

（5）制订计划：根据分析结果，制订职业发展计划，包括发挥优势、改进劣势、抓住机会、应对威胁的具体措施和目标。

通过 SWOT 分析，大学生可以更全面地了解自己和职业环境，从而做出更明智的职业决策，并有针对性地规划自己的职业发展。

三、CASVE循环

CASVE 循环是职业指导中常用的一个决策模型，可以帮助个体在职业生涯决策过程中进行自我探索和做出明智的职业选择。CASVE 是一个缩写，代表了模型中的五个关键步骤：沟通（Communication）、分析（Analysis）、综合（Synthesis）、评估（Valuing）、执行（Execution）。

（一）沟通

在问题解决和决策制订的过程中，沟通是至关重要的。个体或团体需要有效地交流信息、观点和想法。这包括与相关人员交流，获取必要的信息，以及与其他决策参与者共享决策意图。

（二）分析

在沟通的基础上，个体或团体需要收集和分析相关数据、信息和材料。分析阶段的目的是更深入地理解问题的本质，确定可行的解决方案，并找出可能的障碍和风险。

（三）综合

在收集和分析数据后，个体或团体需要将各种信息和观点整合起来，形成综合的认识。这有助于看到问题的全貌和各种因素之间的相互关系，从而更好地为决策做准备。

（四）评估

在综合信息后，个体或团体需要对可能的解决方案和决策进行评估。这包括评估各种方案的优缺点，以及预测可能的结果和后果。

（五）执行

经过综合评估后，个体或团体需要做出决策并开始执行。执行阶段涉及制订行动计划、分配任务和资源，并跟踪实施过程，确保决策得以付诸实践。

完成执行后，CASVE 循环并没有结束，它是一个持续的循环过程（图 4-2）。执行的结果将带来问题的反馈和信息的变化，可能需要重新进行沟通、分析、综合、评估和调整，以适应新的情况和需求。CASVE 循环的使用有助于通过深思熟虑，更加完善地解决问题和制订决策。通过不断重复这个循环，个体或团体可以逐渐提高解决问题和做出决策的能力，并更好地应对各种挑战和机遇。

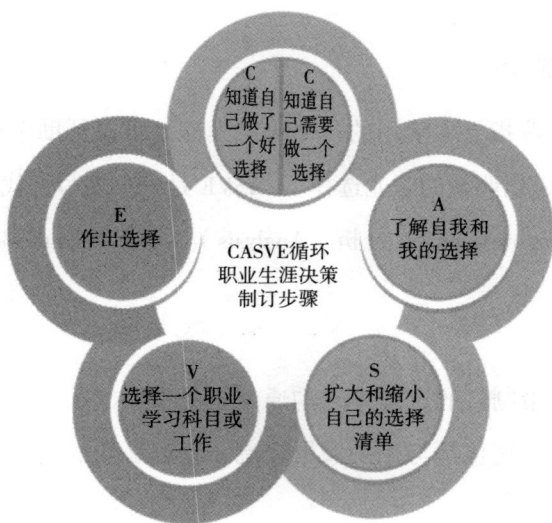

图 4-2　CASVE 循环

1. 知道自己需要做一个选择

事件——发生在自身上的事："我需要在下学期之前选择一个职业、学习项目或工作。"

来自朋友和亲人的意见："我的室友说如果我不尽快作决定的话必将陷入麻烦之中。"

自身感受："我很害怕为自己作出承诺。"

回避问题："我下周再开始。"

身体问题："我觉得很心烦，我吃不下东西。"

2. 了解自我和我的选择

了解自己，如价值观、兴趣、能力。

了解职业、学习项目或工作：了解具体的职业、学习项目或工作，包括了解具体的职业、学习项目或工作是怎么组织的。

了解我是如何作出重要决策的；了解我如何对待自己的决策。

自我对话。

自我觉察。

对于自我对话的觉察和控制。

3. 扩大或缩小自己的选择清单

找出适合自己价值观、兴趣和技能的职业、学习项目或者工作。

通过从"了解自我和我的选择"一栏中学到的方法选出 3 ~ 5 种职业、学习项目或工作。

4. 选择一个职业、学习项目或工作

每个职业、学习项目或工作的选择在以下方面的付出和收益：我自己、我的家庭、我的文化群体、我的社区。

对职业、学习项目或工作进行等级排序。

5. 作出选择

作出后备选择，以防首要选择出问题。

执行选择。

计划——作出获得教育或培训的计划。

尝试——获得工作经验（全职、兼职或志愿工作）并通过修学课程或培训来检验自己的选择。

申请——提出申请并获得工作。

第五章　求职准备

第一节　求职途径与方式

信息化时代，谁掌握了信息资源谁就掌握了主动权。对于求职者而言，谁掌握了就业信息，谁就拥有了更多就业选择权。然而就业信息浩如烟海，海量岗位，真假难辨。目前大学生在求职过程中，时常因为就业信息获得和筛选能力不足而无法找到满意的工作。本节将通过学习就业信息的获取、就业信息的甄别、招聘简章的解读以及胜任力解析，提升大学生的就业信息搜集、处理和运用能力，为大学生做好职业生涯规划和成功求职奠定基础。

一、就业信息获取

（一）就业信息要素

根据大学生求职时考虑的主要因素，就业信息主要包括以下几个要素。

1.单位性质、隶属关系和行业背景

通过单位性质、隶属关系和行业背景这些信息，就可以大致了解单位的企业文化、管理模式、职业发展通道及就业派遣时是否能解决户口和档案问题。如国家机关、事业单位、国有企业一般可以接收户口和档案，工作的稳定性相对较高，但工资一般不会太高。外企、民营企业落户指标较少，小微企业基本不能解决落户和档案问题。外企不太看重学历出身，但对能力和外语水平较为看重；国企要求具备较强的公共关系处理能力；民营企业二者兼备，同时尤为看重对老板的忠诚。如果了解单位的行业背景，就可以对单位的发展趋势做出大致分析，如单位属于互联网、金融业这类热门行业，一般行业整体的工资水平较高，发展迅速但竞争也较为激烈，要求持续学习和更新知识。

2. 企业文化

通过企业文化，可以了解该企业的目标宗旨、经营理念、管理制度、行为规范、价值追求等各方面的信息。当大学生的价值观与单位的企业文化一致时，则可以在单位中较快适应并快速成长，反之则会举步维艰，最终选择离开或被淘汰。其中在企业文化的形成与发展中，企业领导起着关键作用。

3. 单位规模和发展前景

规模庞大、影响力较高的大型企业一般发展较为成熟，管理规范，经济资源丰富，培训机会多，能为个人发展提供良好的平台，相比小型企业，入职大型企业可能初期晋升缓慢，但成长渠道明确，长期发展空间较大。同时，大型企业的平台优势有时候也会成为激发个人潜能的阻碍，可能存在内部历史、体制固化等问题，导致员工管理并不注重个人实际能力和业绩，从而使个人的职业发展受到限制。小型企业追求发展，在经营和用人上较为灵活，个人的发挥空间大，能得到更多锻炼，更有利于发挥个人的才干和专长，实现快速的职业发展。因此，在选择目标企业时，要提前了解该企业的发展历史、经营现状以及发展前景，以评估自己在该企业的职业发展前途。

4. 薪酬福利体系

薪酬福利是大学生比较关注的问题。薪酬是指员工因受雇而获得的各种形式的财务收入、有形服务和福利等。薪酬可分为内在薪酬和外在薪酬两类。内在薪酬是心理和社会因素，如安全感、成就感、满足感、公平感、自我实现感和尊重感等，都是由工作和职位的薪酬所带来的心理感受。外在薪酬是给人带来实惠的物质因素，通常分为直接薪酬和间接薪酬。直接薪酬包括基本工资、加班费、津贴、绩效奖金、利润分成和股票期权等。间接薪酬包括福利住房、社会保险、培训、奖品、假期、旅游等。大学生在找工作的时候，不仅要看工资，还要看其他特殊福利，包括各种显性和隐性福利。

这里需要大学生注意的是，用人单位在提及薪酬时往往指的是年收入的税前总额，实际上扣除"五险一金"以及各种补贴和年终奖后，大学生实际到手的月薪往往低于预期。因此，大学生在调查薪酬待遇时必须系统性考虑，包括加薪的幅度、频率和条件等。

5. 工作条件和地理位置

工作条件包括办公环境、办公设备、午休时间、特定的停车位等，也包括工作安排、名片等。地理位置不仅指实际工作地点的所在城市，还指城市的具体方位和通勤交通是否便利等。良好的工作条件能使身心愉悦，激发工作热情，提高工作效率。地理位置优越，交通便利，周边设施完善，可以大大提高日常生活和工作的便捷性。

6. 组织架构和个人成长路径

不同单位有不同的组织架构，有的是扁平化管理，有的则是层级制管理。大学生一定要了解单位的组织架构，明确自己在单位所处的岗位，以及该岗位上下左右的关系岗位。同时，通过了解组织架构，弄清楚每个个体、头衔和群体之间的关系，从而明确单位的不同岗位是如何设置并组合成团队的，进一步清楚地知道自己未来的成长路径是什么。

7. 岗位要求及联系方法

大学生应该通过招聘信息，了解拟应聘岗位的具体要求，以便判断自己是否满足应聘条件，评估自己的求职成功率，同时也方便在简历中和面试时重点展示自己符合岗位要求的特质。此外，还需要注意单位地址、联系电话、邮箱等联系方式以及具体的应聘流程，并做好分类记录。

（二）获取就业信息的渠道

大学生获取就业信息的渠道可以分为线下和线上两类。线下渠道指互联网以外的求职渠道，如校园招聘会、亲友推荐等。线上渠道是指以互联网为基础的电脑端及手机端渠道。网络的发展建立起一个线上劳动力市场平台，为大学生提供了一个便捷、开放的求职平台，不受地域、空间的限制。尤其是 2020 年新型冠状病毒感染后，网络招聘成为企业发布招聘信息、开展招聘活动的主要方式。

1. 线下渠道

（1）双选会与校园专场招聘会：双选会与校园招聘会是大学生求职就业的主要渠道，每年各地市就业部门、各高校都会定期组织大大小小的双选会或校园专场招聘会，为大学生提供与用人单位面对面接触的机会。大学生应高度重视这些机会，充分展示自己，广泛搜集各单位的就业信息。一般来说，校园专场招聘会的时间更充裕，更有针对性，用人单位会详细介绍求职者必须掌握的重要信息，如单位情况、岗位要求、人力资源政策、招聘程序等，所以大学生求职成功的概率更大。各地市就业部门牵头组织的大型双选会的特点是规模大，可供选择的单位多，提供的岗位多。在参加这类大型双选会之前，大学生要提前做好充分准备，认真筛选符合自己专业背景的单位，有针对性地投递简历。相比四处"撒网"，有的放矢地参加双选会能有效提高求职成功率。

（2）社会关系：家人、亲戚、朋友、校友、老师、身边的熟人，甚至朋友的朋友等是获取就业信息的重要渠道，而且相对可靠，常具有大学生所希望的行业或地区的定向性，依靠此渠道就业成功率较高。大学生要学会主动寻求本专业老师、辅导员的帮助，因为他们比一般人更了解行业的发展情况及学生适合就业的区域、单位、岗位等，他们所提供的信息往往是准确的、具体的。此外，往届的学长学姐也是良好的社会关系资源，他们不仅工作单位分布广泛，而且岗位与专业对口度高，所了解到的就业信息具有很高的实用价值。个人广泛的社会关系，可以带来大量有用甚至意想不到的信息，是一种比较高效的信息搜集渠道。需要澄清的是，利用社会关系并不等于"开后门"。衡量用人单位是不是在"开后门"，关键是看它的用人制度是否公平，是否按照公平公正的原则择优录用，而不是看信息是从哪个渠道获得的。

（3）实习、实践活动：大学生可以通过学校统一安排的教学实践或自己寻找实习单位参加实习，开阔视野，树立职业意识，了解自己的知识能力在实践中的应用，明确相关行业对于人才的需求状况和具体要求。此外，还能通过实习为将来的就业积累工作经验和人脉资源。值得注意的是，毕业生在寻找实习机会时，要结合自己的职业生涯规划，有针对性地积累相关信息和资源，为未来的就业做准备。除了实习外，参加社会实践也是大学生了解职场与社会的有效途径，可以增加社会阅历，积累工作经验，拓展人脉。

2. 线上渠道

（1）学校就业指导中心网站：学校的就业指导部门专门从事毕业生就业工作，在长期的工作交往中与各部委和省市的毕业生就业主管部门保持着广泛、密切的联系，能及时发布各类最新的就业政策、就业资讯及各地的招聘活动情况。同时，由于生源结构相对稳定，学校就业指导部门与大量对口的用人单位建立了长期友好的合作关系，用人单位每年都会通过学校的就业指导中心网站发布人才需求的岗位和数量。因此，对应届毕业生而言，本校或相关学校的就业指导中心网站应该是需要优先关注的招聘信息发布渠道，因为该渠道的信息对大学生尤其是本校学生而言更有针对性，有利于提高求职成功率。而且，学校就业指导中心发布的就业信息是经过学校审核筛选的，十分可靠。

（2）政府主办的各类就业网站：政府就业指导主管部门提供的就业信息相对更加完备，涵盖宏观的就业政策和具体的就业需求，信息量大、集中，能够更好地满足不同求职者的信息需求。同时，政府就业指导主管部门提供的就业信息具有很高的权威性和真实性，也有很强的区域性和针对性。大学生应多关注政府就业指导部门主办的各类就业网站，如教育部主办的中国高校毕业生就业服务信息网、各地市教育行政主管部门、人力资源社会保障部主办的毕业生就业信息网站等。尤其是求职者有明确的目标城市时，当地的求职网站是一个很好的求职渠道。大学生可以搜索"地方名＋人才网"，快速找到各地市就业网站。

在此特别推荐大学生关注教育部主管的两个就业网站。①国家24365大学生就业服务平台，简称24365就业平台，是由教育部主管、教育部学生服务与素质发展中心运营的服务于高校大学生及用人单位的公共就业服务平台。该平台有电脑端和手机端，通过打造24小时365天"全时化、智能化"平台，主要为高校大学生提供求职服务、就业指导、重点引导等服务。求职服务方面，大学生可在线进行就业意愿登记、简历填写、职位检索等，获取职位推荐、专场招聘、网上签约等服务。就业指导方面，平台为大学生提供生涯规划课程、学业与职业指南、师兄师姐去哪儿查询、就业培训、职业测评等，帮助大学生明确目标、树立信心，提升求职技能和就业能力。重点引导方面，大学生可根据自己的职业规划和求职意愿，获取基层项目、重点领域就业等多方面的信息服务。该平台还提供大量政策资讯、工作动态、高校就业质量报告等信息，大学生也可通过平台快速链接到各地和高校的就业网站以及主要的社会招聘平台。②学职平台：该网站隶属学信网，是由全国高等学校学生信息咨询与就业指导中心建设，依托教育大数据搭建的学生、高校和企业三位一体的大学生学业与职业发展平台。平台长期与高校、企业合作，提供内容涵盖专业洞察、职业测评、职业探索、职业人物、职业微视频、就业指导课等模块，为大学生提供专业的职业测评和真实的专业、职业信息。尤其大学生在择业时，推荐使用平台的"职业探测"工具，对自己的职业兴趣、职业价值观进行测评，可以得到与自己职业兴趣和价值观相匹配的职业推荐。此外，通过职业百科、职业案例、职业微视频等，可以快速了解当前职业现状及发展情况，包括任务职责、薪酬待遇、从业资格、职业技能、工作环境、发展前景等。同时，根据平台大数据，还能得到所在专业的职业去向、行业去向、专业对应职业薪酬等信息的详细解读，帮助大学生构建专业与职业间可能的发展通路。

（3）用人单位网站：随着企业越来越重视品牌影响力的建设，企业门户网站（企业官网）这一渠道也日益受到重视。知名企业除了在企业官网发布相关招聘信息外，一般还会建立单独的招聘渠道，实现信息发布、简历筛选、在线测评等一系列功能。如果已经有了一个目标公司，则可立即搜索并收藏该公司的官网和单独的招聘页面。此外，微信招聘由于操作方便、互动性强，越来越受企业青睐，很多大企业都有自己的微信公众号，并在平台上发布招聘信息。对于有意向的企业，一定要及时关注该企业的微信公众号。

（4）第三方招聘平台：大多数企业尤其是中小企业都会在第三方招聘网站上发布招聘信息，所以该渠道是大学生获取就业信息的重要途径。第三方招聘平台覆盖面广、信息量大、岗位多，但是针对性不强，大学生需要对不同类别的网站及其提供的信息进行区分。这里介绍几个大学生常用的第三方招聘平台及其特点。①应届生求职网：它是专门面向大学生的求职网站，提供校园全职招聘、实习招聘、兼职招聘、企业宣讲会、知名企业校园招聘等信息，并同时提供职业测评、应聘指导等方面的求职就业资讯及辅导，特别适合大学生找实习、找工作。其分类求职模块可以实现按专业、职位、城市等进行分类搜索。网站上还有论坛，里面除了招聘信息外，还有很多笔试题库、面试经验，以及求职交流、心得分享。②实习僧：它是专注实习和校园招聘的垂直招聘平台，从实习生招聘、春季校园招聘、秋季校园招聘、校园挑战赛、公开课、人才社区、offerparty等多方面为大学生提供求职服务，并根据专业进行划分招聘信息，是大学生找实习工作的主要渠道。③前程无忧：它是集合了多种媒介资源优势的专业人力资源服务机构，是中国最具影响力的人力资源服务供应商之一。企业覆盖面广、职位级别全面，覆盖城市多，求职者可以根据需要建立多组职位搜索器，同时它可以为求职者提供丰富的简历模块。④智联招聘：该网站与前程无忧类似，信息量也比较大，还有职业规划和课程等，并且基于平台的大数据分析，可以按地区提供"竞争最激烈的岗位""大家最关注的岗位"等排行榜。⑤猎聘网：它是一个主打中高端人才、猎头服务的招聘求职网站，拥有丰富的人才资源和强大的数据分析能力，通过AI算法将符合企业需求的人才精准推荐给企业。该平台上知名企业、外企职位多，猎头多，薪酬水平相对较高，小微企业和初级职位较少，所以应届毕业生能匹配的岗位不算多，不过当积累一定工作经验，想要跳槽时，通过猎聘求职是一个不错的选择。而且，该网站的社区栏目里面有很多行业、职业信息的问答，都是业内前辈的回答，对大学生了解行业信息是非常有益的。

（5）职场社交或招聘 App：随着移动互联网的兴起、接收信息渠道的变化、招聘领域的市场细分以及年轻人的行为偏好，职场社交或招聘 App 如雨后春笋般涌现。下面主要介绍三款大学生常用的职场社交或招聘 App。①Boss 直聘：它的核心是"直聊+精准匹配"，通过将在线聊天功能引入招聘场景，让应聘者和用人方直接沟通，从而跳过传统的冗长应聘环节，提升沟通效率。通过该 App，求职者能够直接快速地和企业负责人或者人力资源（HR）聊天，并投递简历。同时，一旦注册并发布了简历，系统会通过大数据精准匹配相关企业并将简历推送给相关企业，求职者便会时常收到相关行业的 HR 的主动沟通。②大街网：它是一个专属年轻人的移动社交招聘平台，使用体验上更符合年轻人的喜好。大街网把传统 B2C 的招聘模式升级为 B2C2C，让社交与招聘归位于人，用互联网产品与技术精准匹配、用对等撮合、双向沟通的社交方式实现真实高效的招聘。③脉脉：它是国内领先的职场内容社区平台，提出了"真实职业形象"与"人脉共享"概念，致力于利用科学算法打通"同事、同学、同乡、同校、共同的朋友"五同关系，可以根据求职者的通讯录进行分析并深挖关系链，帮助求职者拓展人脉机遇。脉脉上有个匿名社区，求职者可以在匿名社区里找人内推，还能通过"同事圈""公司点评""热榜"等功能看到网友对不同公司、不同职位的薪资讨论，对行业热点的讨论等。对于大学生来说，这不失为一种了解企业、行业信息和真实职业形象的渠道。

除了招聘网站和 App 外，同学们还应该积极关注微信公众号和视频号，获取更多有效信息。不过，面对这么多就业信息的搜集渠道，该如何选择呢？图 5-1 为不同就业信息渠道获取就业信息的难度、精确度对比图，横坐标是获取就业信息的难度，纵坐标是获取就业信息的精确度。从图中可以看出，获取就业信息精确度越高则获取难度越大，耗时越长，如果是低年级的同学，则建议多采用高难度、高精确度的方式；如果临近毕业，时间紧张，则可以采用低难度、低精确度的方式，但要做好就业信息的甄别。总而言之，搜集就业信息的渠道有很多，不同来源的信息可以互相补充，大学生要灵活运用，尽可能地选择适合自己的方式，做到有的放矢，提高效率。

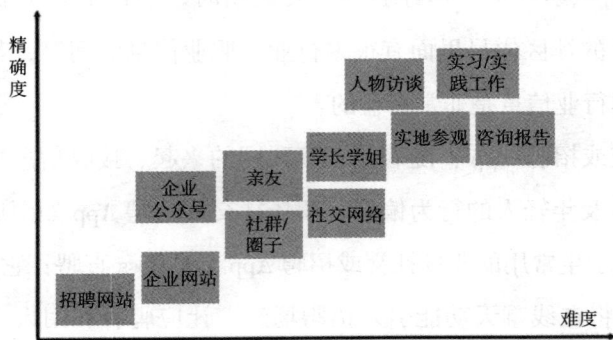

图 5-1　不同就业信息渠道获取就业信息的难度、精确度对比图

二、就业信息甄别

（一）就业信息的筛选

在求职过程中，大学生需要广泛搜集就业信息，以拓宽择业视野，但同时需要注意，由于获取信息的渠道不同，大学生搜集的信息可能是混杂的、矛盾的，甚至是虚假的。求职者应结合自身实际，对所获取的信息进行筛选、整理、鉴别，去粗取精，去伪存真，使信息具有真实性、可靠性和准确性，从而更好地为求职就业服务。

1. 针对性选择

求职信息如海，工作岗位万千，大学生要有针对性地选择适合自己的就业信息以进一步深入分析。首先，要看国家有关就业的大方针、大方向和政策方面的信息，选择国家的提倡和支持的就业方向，就业的概率可能更高。其次，应结合个人的就业意向，如希望就业的地域、单位类型、岗位要求等拟订职业信息搜集计划，明确自己所需职业信息的范围，这样可以有效避免大海捞针式的盲目搜集信息，所获取信息的适用性和针对性也大大增强。最后，要把和自己专业对口的信息，符合自己性格、兴趣和特长的信息及能够体现自身优势的信息选择出来，看哪些信息与自己更吻合，更有利于自己的发展，更有利于自己被用人单位录用。

2. 整理归类

信息搜集完成后，将搜集的信息按照时间、地区、行业、薪资、前景、兴趣、离家远近等进行归类整理，必要时可以制作成相应的数据表格进行对比，实现就业信息的条理性，方便信息的快捷使用。一般信息仅供参考，重要信息需追根溯源，进一步搜集相关资料进行深入分析。

3.具体分析

（1）可信度分析：就业信息的可信度分析是指识别就业信息的真假。一般来说，学校、政府等官方发布的就业信息，可信度相对较高。其他渠道由于受到民间性和广泛性的影响，需要进一步核实，才能判断其可信程度。

（2）效度分析：就业信息的效度分析是指对信息的可用性进行鉴别，要看信息能否为我所用，如就业岗位在学历、职业资格、工作经验、素质能力上的要求自己是否满足，以及工作地点、工作内容、工作时间、薪资待遇等是否符合自己的求职期待等。

（3）内涵分析：就业信息的内涵分析包括用人单位的性质、规模、要求和限定条件等。对于纳入考虑范围内的重点就业信息要仔细了解招聘信息的具体内容，如某一职业岗位的历史、现状、前景、从业条件等。要通过合适的方式了解待遇、培训、晋升等方面的信息，一方面要看自己的个人素质和专业能力等是否满足招聘需求，另一方面也要看就业信息中提到的薪酬待遇、工作环境、发展前景等是否符合自己的需要。对信息分析得越深入、越透彻，就能越准确地找到自己的目标职业。

（二）就业信息的甄别要点

1.信息来源的权威性

从就业信息的来源渠道看，一般通过校园招聘、政府或学校平台、老师及家人推荐、实习实践等渠道获取的就业信息可信度和准确度较高。如果是通过网站获取的就业信息，就要看发布招聘信息的网站的权威性。首先看招聘网站是否在工信部门备案登记；其次看在此网站上发布招聘信息的企业的规模和级别。权威的大学生求职网有应届生求职网、前程无忧、智联招聘等。

2.招聘企业资质

查验招聘企业的资质真实与否，可以在工商部门核实企业是否真实存在，尤其是小微企业的资质和经营情况，一定要仔细查询。可以用如下方法查验企业的信息。

（1）查询国家企业信用信息公示系统：该系统是提供全国企业、农民专业合作社、个体工商户等市场主体信用信息的填报、公示、查询和异议等服务的网络平台。系统公示的信息来自工商行政管理部门、其他政府部门以及市场主体。通过输入企业名称、企业注册号或统一社会信用代码，可以查询到市场主体的注册登记、许可审批、年度报告，行政处罚、抽查结果、经营异常状态等信息。

（2）查询全国法院失信被执行人名单信息：失信被执行人会被法院纳入征信系统，并在中国执行信息公开网上公布。通过该平台查询被执行人姓名或企业名称，可以看出企业在法务或财务方面有没有问题，以评估企业信誉及经营状况。

（3）查询商务部直销行业管理系统：直销是指直销企业招募直销员，由直销员在固定营业场所之外直接向最终消费者销售商品和服务，求职者需谨慎辨别直销企业。在该系统上可以查询合法的直销企业及直销产品。国家规定直销经营必须经过商务部批准获得直销经营许可，凡是未经批准的直销企业都不是合法直销企业。

（4）查询公司官方网站：查看企业是否有官网，正规的公司网站在网页的底部一定会有网站备案号，一定要留意，再看官网是否发布有招聘信息，也可以拨打企业联系电话核实招聘信息。

（5）查询天眼查、企查查：天眼查、企查查可以结合起来用，查询企业名称、统一社会信用代码、企业的法人，注册时间、注册资本，经营范围和竞品等信息。

3. 招聘联系方式的真实性

通常大中型企业都有自己的企业邮箱，因此以企业邮箱招聘的招聘信息更具真实性。对以个人邮箱招聘的招聘信息需要警惕，但并不是所有以个人邮箱招聘的企业都有问题，因为很多小企业并没有使用企业邮箱服务，需要进一步核实确认。

4. 招聘内容的真实性

招聘内容特别是岗位描述的真实性主要是要注意岗位描述是否存在模棱两可、含糊不清的地方。一些公司在招聘时，常常把想招的岗位用其他岗位的名义进行招聘，以吸引更多的求职者。如招聘客服，可能说成是招聘行政人员；如招聘销售，可能说成是招聘内勤。这样的招聘信息往往只是吸引求职者的眼球，因企业急需这种岗位人才而又难以招聘到。还有一些公司的招聘网站或者实地招聘的过程中，企业介绍只有寥寥数语，只是罗列一大堆口号式的宣传，既看不出来公司主要从事什么业务，也看不到其他实质性的内容，这样的单位基本是不靠谱的，曾经发生过用人单位招聘过程中不停地让求职者抽血检查身体，最后记者曝光是某医疗公司在采集研究样本。

5. 薪酬与岗位的匹配度

看薪酬待遇与岗位、企业以及企业所在城市普遍情况是否相匹配。虚假信息往往夸大待遇，造成求职者在求职过程中或进入企业工作后发现薪酬待遇不实，造成许多麻烦。如网上时常可以看到类似"招聘打字员，500元/天"的招聘信息，明显虚假，因此一定要在这方面引起注意。

6. 求职流程的规范化

一般而言，正规公司的招聘都有规范的流程，一般会先筛选求职者简历，然后通过电话、邮件、短信等形式通知应聘者面试，双方达成一致后再签订协议书或者劳动合同。如果一家单位没有让求职者面试或者面试的时候走个形式根本不提实质性的问题，就让求职者来上班或者发 offer 给求职者，那么这家公司就需要大家提高警惕，很有可能是"骗子公司"。在这里强调一点，即使这家公司经过工商局注册，或者在网站上面可以查到这家单位的真实信息，它仍然不值得信任，有可能是一些皮包公司，挂羊头卖狗肉，甚至可能做一些非法勾当，所以作为求职者，即使这些公司允诺高工资、高福利，仍然不要跳入火坑。需要特别注意的是，正规招聘过程中，除应聘者应准备的个人相关的材料证明外，不会额外索取其他物品或费用，尤其不会要求扣留身份证、缴纳实习培训费用等。

（三）就业信息的运用

在掌握大量就业信息后，有效地使用就业信息才是求职成功的关键。大学生在进行就业信息的处理和使用时应该做到以下几点。

1. 善于挖掘

信息本身并不一定具有价值或意义，只有在特定的背景和语境下才能被解读和理解。很多信息的价值往往不是直观的，必须经过深入地思考和充分地印证才能发现。因此，反复研读你所搜集的就业信息，找出对你来说有价值的地方。

2. 迅速反馈

就业信息通常都是及时、动态的，时效性极强。当求职者收集到广泛的信息并加以分析筛选后，应尽早决断并向用人单位反馈信息。一方面，招聘和应聘都是有一定时限的；另一方面，越优质的岗位吸引力越强，参与竞争的人就更多，而录用指标是有限的，一旦发现自己心仪的岗位要及时联系，犹豫不决就会痛失良机。

3. 人职匹配

不同个体有不同的个性特征，而每一种职业由于其工作性质、工作环境、工作条件、工作方式的不同，对工作者的能力、知识、性格、气质、心理素质等也有不同的要求。所以在进行职业决策时，应选择与自己的个性特征相适应的职业。每个大学生的情况不同，应选择适合自己的信息，不要好高骛远，做到根据自己的才能去定位和择业。

4. 主动交流

信息的价值是因人而异的，有些信息可能对自己没有用处，但对别人却可能很有用。在这种情况下，大学生一定要主动输出，不仅对别人是一种帮助，而且这种真诚的交流也可以帮助自己增加获取信息的机会。

三、招聘简章分析

（一）招聘简章的构成要素

招聘简章是招聘流程中的关键文件，它包含了公司招聘的具体信息和招聘要求。一份完整的招聘简章应当清晰、简洁、明了，以确保应聘者对职位的要求和公司的期望有清晰的认识。招聘简章一般由五部分组成。

1. 企业介绍

企业介绍是招聘简章中比较重要的组成部分，主要包括企业的发展史、企业文化等多个方面内容。传统的介绍主要是用文字和图片来表达。如今，新媒体成为招聘的热门渠道，很多企业通过视频和直播互动等方式进行企业介绍，使企业亮点展现得更加生动。求职者可以通过企业介绍获取公司性质、企业文化、发展规模等信息。

2. 招聘岗位介绍

招聘岗位介绍，或称工作职责介绍，就是对所招聘岗位的一些详细介绍，也就是指每一个岗位所要负责的具体工作职责等。它突出对工作成果的要求，专业而精准的岗位描述能让求职者一目了然，吸引具备相应能力的人主动投递简历。此外，招聘岗位介绍中一般还会注明每个岗位的招聘人数。

3. 任职要求

任职要求主要是指岗位的任职条件，如学历、身高、工作经验等，既包含性格、能力素质等软技能，也包含资格证书、项目经验、实习经历等硬技能。

4. 福利待遇

福利待遇除了包括基本工资、奖金、津贴等工资性收入，还包括法定节假日礼品、带薪休假、五险一金以及食宿等生活配套设施等福利性待遇方面的内容，是求职者比较关注的内容。

5.招聘流程

招聘简章还应当包含招聘流程和时间表，以帮助应聘者了解招聘过程的各个环节以及在何时何地可以得到反馈。此外，还有具体的联系方式，如简历投递邮箱、联系电话、联系人等信息。

（二）招聘简章的解读

很多人看招聘信息只是简单地看招聘的企业、岗位、作息时间、工作地点和待遇，其实光用这些信息还不足以解读招聘信息背后隐藏的内容。除了字面上的阅读，求职者还需要深入解读招聘简章的各要素所包含的信息。

1.解读招聘企业

了解招聘企业，首先看招聘简章中的简介，例如企业性质、成立时间、主营业务、目前规模（营收规模、市场规模、员工总量等）、所属行业等。此外，还可以访问一下该企业的官网，如果企业没有官网，则大概率这个单位规模不大，经营管理上还没有达到具备"企业愿景、战略目标、经营理念、人才观"的层面。如果有官网，则可以详细查看企业的发展历程，以判断企业当前是处于初创、发展中还是成熟阶段；查阅企业新闻更新频率和大事件简讯，从新闻的主题内容可以看出企业关注的是经营业绩还是内部管理与成长，从更新频率可以看到企业的成长速度和对企业文化建设的重视程度。

2.解读招聘岗位

招聘岗位的解读主要是看职责描述或者岗位介绍，同样的岗位，在不同的企业，会有很大的用人需求差异，具体就表现在职责描述上。例如，同样是招聘人力资源经理，A公司因为业务拓展、市场扩张或人员流动大，将重点放在人力资源经理的招聘职能上，那么在岗位职责的描述中就会突出对招聘职能的要求。B企业由于经营稳定，需要加强管理，因此在人力资源经理的招聘信息中更突出人才梯队建设和绩效管理优化的职责要求。

3.解读任职要求

任职要求关系到求职者与岗位的匹配度以及求职成功的概率，对求职者而言，要注意看自身资格条件对任职要求的满足程度，同时在投递简历和面试过程中要对满足要求的个人条件进行突出描述，展现亮点。对在校大学生而言，则可根据任职要求比对自身的不足之处，在大学期间进行针对性的知识学习和能力提高。此外，除了常规的任职资格要求，部分岗位还会有一些特殊要求，例如工作强度，如果看到招聘信息中对求职者有抗压能力有要求的，就需要谨慎了，有可能企业工作强度大（如加班常态化、有高业绩目标压力），或者内部管理较为严厉。

4. 解读薪酬待遇

薪酬待遇除了看月薪信息外，需要看看有无关于年终奖金和绩效奖金的描述，或者关于其他福利政策的描述。如果福利政策描述只有常规的五险一金、带薪年假的，大概率该企业在人工成本费用控制上比较紧，除此之外也没有其他福利了。

5. 解读工作地点

解读招聘信息时，一定要弄清楚拟应聘岗位的实际工作地点，大型企业一般在全国各地都有分公司，招聘部门和实际报到的部门有可能不在同一地区，尤其一些以第三方企业服务为主的岗位，可能需要驻外或者长期出差。此外，企业的办公点在哪个区、哪个大厦、是自有物业还是租赁物业，区别也很大，因为不同的区域，不同的地点，办公场所的成本费用完全不同，从这个角度也可以判断公司的规模。例如有些小公司办公点在商务公寓的租赁物业里面，而大企业一般在自有物业里面，也就是办公楼是自己企业的，对比之下，企业规模差异就较为明显。

通过解读招聘简章所包含的显性和隐性的内容信息，再结合求职者自身的职业规划和需求，就可以离意向求职企业及岗位更近一步。

（三）胜任力解析

招聘简章描述的其实是企业对应聘者岗位胜任力的要求，应聘者解读招聘简章的过程，其实也是胜任力匹配的过程。因此，大学生要学会解读招聘简章，但更重要的是要通过招聘简章的解读明确企业的胜任力要求，并在大学期间有意识地培养自己的岗位胜任力。

1. 胜任力概述

所谓胜任力，其实就是指在特定工作岗位、组织环境和文化氛围中，绩优者所具备的、可以客观衡量的个体特征，以及由此产生的可预测的、指向绩效的行为特征。这些特征包括知识、技能、自我形象、社会性动机、特质、思维模式、心理定式，以及思考、感知和行动的方式。

2. 胜任力内容

一般来说，一个人能否胜任某一岗位，可以从三个层面来判断：知识、能力以及职业素养，即胜任力的三要素。它们的构成就像洋葱一样由内而外层层包裹。越往外层，越容易培养和评估；越向内层，就越难评估和习得。其中，最外层的知识最容易获得，能力是对知识的应用，职业素养是长期习惯养成的结果，难以在短时间内培养。当一个人同时满足岗位对以上三种要素的要求时，就能胜任这份工作。下面分别对这三种要素进行解析。

（1）知识：知识不仅包括员工在某一职业领域工作所必备的专业知识，如财务管理、人力资源管理、市场营销等学科知识，还包括员工在某一组织中工作所必须掌握的相关信息，如企业知识、产品知识、客户信息等。

知识要素是求职者简历能否入围的先决条件，用人单位的考查方式往往有：要求提供毕业证、学位证或成绩单等相关证明；现场笔试或面试中的专业知识问答，如"你学过哪些专业课""成绩在本专业的排名是多少""接受过哪些特殊培训""对某个专业领域的案例进行分析判断"等。

（2）能力：能力通常指完成一项目标或者任务所体现出来的本领，既包括计算机操作技能、财务分析技能等各项岗位专业能力，也包括人际协调能力、问题分析能力、市场拓展能力、判断推理能力等一般能力。

能力通过实践和经验积累而获得，是用人单位最为看重的部分，也是求职者当下最有价值的部分。用人单位考察能力的方式往往有：要求提供实习证明、实践获奖证书等各类工作证明；现场实操考试；分析和解决具体问题；面试中提问"有哪些相关的工作经历""实习的具体工作内容""对于这个问题，你的解决思路和流程"等。针对这一部分内容，大学生要通过梳理在校期间参加的比赛、活动、项目、实习、实践等来挖掘自己的能力优势。

（3）职业素养：职业素养是指员工从事具体工作所应具备的思想道德、意识及行为习惯，如主动性、责任心、成就欲、忠诚度、诚信意识、团队意识等。例如，客服人员需要具备热情、耐心的态度，团队领导则需要具备较强的责任感等。

职业素养是求职者身上最具潜能的要素，直接影响求职者未来的发展和可能的职业高度。职业素养的考查一般体现在面试阶段，用人单位通过询问"你有哪些特点和品质""在实习工作中，你给他人留下的印象""用三个词语概括你的优点"等进行判断。

总的来说，企业考察求职者的岗位胜任力，主要从知识、能力、职业素养三个方面提出要求，如图5-2所示。如果求职者想找到自己的岗位胜任优势，则可以从

图 5-2 的右边进行查找和证明。

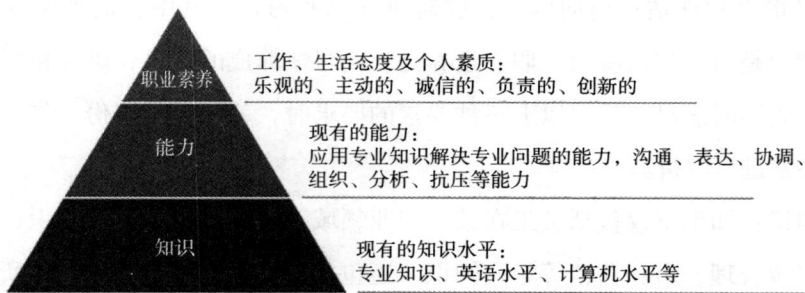

图 5-2　胜任力要素分解图

第二节　面试方法与准备

本节将深入探讨面试的本质和意义，介绍各种类型的面试，以及雇主通常的期望和评估标准，帮助大学生了解面试官关注的重点，掌握行为面试的回答策略，在面试中展现自己的核心竞争力。除此之外，还将关注与面试相关的细节，如着装建议、心理准备、应对紧张和适度表达感谢等。通过完成本节任务，大学生将不仅在面试中表现出色，还能够增强自信心，准确把握职业发展的机遇，踏上实现职业目标的道路。

一、认识面试种类

随着社会的不断进步和发展，新兴职业不断涌现。在校园招聘中，岗位面试的种类也日益增多，流程变得更加复杂。这一切的改变旨在帮助企业提高面试的有效性，更精准地招聘到合适的人才。就像考前需要了解考题类型和考试范围一样，求职也需要了解面试类型，了解各种面试的侧重点，才能更加从容自信地应对面试。

（一）面试是什么

常言道："百闻不如一见"，意为尽管倾听他人的描述有所裨益，但亲眼看见才能带来更深刻和真实的体会。在判断一件事物时，亲身经历至关重要。同样地，企业在招聘新职员时，通过面试作出的评估是最直观的方法。

面试是用人单位选拔合适人才的一种测试方式，通过面试官与应聘者之间的双向沟通，围绕特定岗位的需求来考查应聘者的多方面能力和素质，包括但不限于知识、技能、能力、个性、动机、价值观等方面。其目的在于找到最适合的人才，使其能胜任相关岗位。因此，面试的流程和问题设计必须具备高度针对性。根据面试的不同目标，其形式也将呈现多样化。

在面试中，面试官向应聘者提供企业的概况、应聘岗位的情况以及人力资源政策等信息，并从应聘者那里获取专业知识、岗位技能和非智力素质等关键信息，以确定应聘者是否适合成为公司的一员。最终，双方基于彼此的适合程度做出聘用决定。

中国作为世界上最早建立考试制度的国家，《周礼》中就记载有西周时期"三年则大比，考其德行道艺，而兴贤能者"的内容。面试的历史可以追溯到公元前21世纪，中国的尧使用面试形式对舜的德才进行考查，实际上是一种模拟测评。汉代称面试为"接问"，隋唐时期则以"策问"的形式广泛应用于科举考试。19世纪中后期，西方国家借鉴了中国的考试制度，并加以完善。

这种人才测评方式的源远流长，经过历史的演进和不断完善，面试作为选拔合适人才的有效手段在现代企业招聘中扮演着重要角色。

（二）面试的类型

1. 按面试的标准化程度分类

（1）结构化面试：结构化面试在题目、实施程序、评价标准以及考官构成等方面有着统一明确的规范，是目前最常见的招聘面试手段之一。其设计的面试问题基于胜任力模型中的六个通用维度来考查应聘者。这种方式可确保提出的问题与工作要求紧密相关，从而客观地收集和评价候选人的信息，尽量避免由于各种评价误差（如主观印象、第一印象和随机性等）而产生偏差。

（2）半结构化面试：在半结构化面试中，面试官事先准备一系列开放性和半开放性的问题，这些问题与应聘者的职业背景、技能和经验相关。与完全结构化面试不同的是，在半结构化面试中，面试官在一定程度上会根据应聘者的回答来进一步深入探讨和追问。

（3）非结构化面试：在非结构化面试中，面试官没有事先准备固定的问题或者问题的顺序，而是根据应聘者的回答和表现，自由地选择问题和深入追问。

由于非结构化面试的主观性和不一致性，近年来，许多企业和组织倾向于采用结构化面试或半结构化面试，以提高面试的科学性、客观性和预测能力。结构化面试和半结构化面试在问题的设计和评估标准上更加统一和规范,有助于更全面地评估应聘者的能力和适应性,减少主观因素对面试结果的影响。

2. 按实施的方式分类

按照面试实施时面试官与应聘者的数量可以按表 5-1 分类。

表 5-1 面试分类

类别	优点	缺点
一对一	个性化强:应聘者可以在与面试官的私人交流中展现自己的特点和实力 深入交流:面试官可以更深入地了解应聘者的经历、动机和适应性 灵活性高:面试过程可以根据应聘者的情况进行实时调整	耗时长:对于招聘者来说,面试每位应聘者需要单独安排时间,可能会比较耗时 主观性:面试官的主观偏好可能会对面试结果产生影响
多对一	效率高:多位面试官同时面试一个应聘者,节省时间 多角度评估:多位面试官可以从不同角度对应聘者进行评估	应聘者压力大:面对多位面试官,应聘者可能感到紧张和压力 沟通障碍:面试官之间的意见可能不一致,导致沟通困难
一对多	提高效率:多位应聘者同时接受面试,节省时间 比较参考多:招聘者可以在同一时间段内直接比较多位应聘者的表现	个性化降低:由于应聘者数量较多,面试可能较为标准化,个性化展示受限
多对多	提高效率:多位应聘者和多位面试官同时参与,提高效率 展现协作:面试中可以观察应聘者在小组中的表现和协作能力	实施难度大:应聘者相互影响,成本高,对于较隐私的问题不便询问 过程混乱:面试过程可能相对混乱,难以个别评估每位应聘者 可能影响公平:有时候可能因为小组互动中个人表现不突出,而导致优秀的应聘者被忽略

3. 按面试的进程分类

按面试的进程分类,可以将面试分为一次性面试和分阶段面试。在一次性面试中,应聘者需要完成多个面试环节,包括不同类型的面试问题和评估方式。这种面试形式主要用于招聘流程中对关键职位或需要综合评估面试者多方面素质的情况。分阶段面试一般分初试、复试两个阶段。

(1)初试:人事或招聘经理进行面试,主要对应聘者的综合素质进行把关,看是否与公司的企业文化合拍。

(2)复试:用人部门负责人进行面试,主要是考查应聘者的专业知识、专业技能(含实践经验、管理能力等)。

由于岗位特别重要和稀缺或报名参与面试的人特别多,有的企业也会设计多轮面试。

4. 按面试题目的内容分类

(1)经验性面试:主要提问应聘者过去的工作经验的相关问题。最常见的经验性面试是按照 STAR 法则，采用行为面试法进行考查。通过询问应聘者过往的经历判断其积累的经验和经过锻炼后形成的能力，推知其是否胜任当前的岗位需要。例如："请你分享一个过去与他人合作解决问题的经历。""请问你有在学生干部工作过程中与他人观点不一致发生冲突的经历吗？你是怎么化解的？"

（2）情景性面试：面试题目主要是一些情景性的问题，即给定一个情景，看应聘者在特定的情景中如何反应。比如，面试官会讲述一些关于公司的信息，同时提出一个公司面临的问题或者所处的两难困境。情景可以是口头上的表达，也可以是书面形式。公司和事件可以是真实的，也可以是虚构的。应聘者根据该情景性问题给出一些答案或者建议。

思考一下，如果遇到这些情景面试题目该怎么回答？

A. 假设你是一名项目经理，你正在主持一个跨部门的项目，而两个团队之间出现了合作冲突，你将如何协调和促进团队合作，确保项目进展顺利？

B. 作为客户关系经理，你遇到一个忠诚的客户对你们公司的服务不满意，表达了要取消合作的意向，你将如何回应客户并挽回客户？

C. 你是一名项目协调员，负责组织一场重要的会议，但在会议开始前，突然发现主讲嘉宾因紧急情况无法参加，你将如何应对并解决这个问题？

D. 你参与了一个团队项目，发现团队成员之间出现了沟通不畅的情况，你将如何帮助团队改善沟通，并确保信息流畅和团队协作顺利？

（3）压力面试：压力面试是指在求职过程中面试官故意通过增加压力和紧张感来测试应聘者在高压环境下的表现能力和应对能力的一种面试形式。这种面试方式旨在模拟真实工作环境中可能面临的挑战和压力，并且看重应聘者在压力下的冷静和灵活应对能力。压力面试可以采用多种方式进行，见表 5-2。

表 5-2　压力面试的方式举例

类型	举例
突发状况处理	在工作中，你突然发现一个关键文件丢失，而你需要在短时间内提交给上级领导，你将如何迅速找到解决方案 在一个重要的客户会议中，你的演示设备突然出现故障，导致无法正常展示重要资料，你将如何应对这种情况，确保会议顺利进行
时间管理和优先级处理	假设你的任务列表非常庞大，而且都是紧急且重要的任务，你将如何有效地进行时间管理，优先处理任务，并确保按时完成 你在工作中遇到了多个紧急的项目，但你的资源有限，你将如何合理分配资源，以保证所有项目得到适当关注

续表

类型	举例
压力应对策略	面对大量工作和压力，你通常会如何自我调节，保持积极的工作状态？请分享你的压力应对策略和方法 在工作中，你最常面临哪些压力？你认为解决这些压力带来的挑战的最有效方式是什么
团队管理和冲突解决	作为一个团队领导者，你的团队正在面临紧迫的项目交付期限，同时团队成员之间出现了意见分歧，你将如何处理这种局面，确保项目成功完成 在团队合作中，你发现团队成员因工作压力而产生摩擦，你将如何妥善处理冲突，维护团队的稳定和谐
连续追问	你提到在上一个工作中负责了一个重要项目，具体说说你是如何解决其中一个具有挑战性的问题的？（应聘者回答后）你在解决问题的过程中是否遇到了其他困难？请分享你是如何克服这些困难的 你在简历中提到你是一个团队合作能力强的人，请描述一个你在团队合作中取得成功的案例。（应聘者回答后）有时候团队合作可能会遇到意见不合的情况，你在团队合作中是如何处理冲突的？请举例说明
提出疑问和否定	你的简历中写你擅长领导项目，但是在之前的工作经历中，你的团队是否遇到过失败的项目？请你描述一次失败的项目经历，以及你从中学到了什么 你在简历中强调你具有卓越的时间管理能力，但是在你最近的工作中是否有过因时间管理不善导致的延误情况？如果有，你如何改进自己的时间管理策略
天马行空创意发散	如果你可以成为一种动物，你会选择成为什么，并解释你的选择。这个选择和你的职业发展有什么联系吗 假设你有一架时光机，你可以穿越回到过去或者前往未来，你会选择去哪个时代，为什么？在这个时代你会做些什么事情

压力面试的目的是评估应聘者的稳定性、心理素质、应变能力、解决问题的能力，以及在压力下是否能保持良好的表现。在这种面试中，除了展示自己的技能和经验，应聘者还需要展现出对挑战和压力的积极态度，并且表现出自信、冷静和适应能力。

二、构建面试官思维

在面试场景中，面试官和应聘者常常被形容成猫和老鼠，似乎面试官居高临下，对应聘者进行严厉的"盘问"，而应聘者只能诚实回答，内心承受着压力和不安，试图思考出完美答案。然而，面试实际上是平等的交流，双方都在选择合适的合作伙伴。要取得良好的面试结果，首先要了解面试官的想法和关注点，转换视角，理解面试官的思维方式。

（一）面试官思维

在竞争激烈的求职市场中，拥有面试官思维是大学生求职的关键优势。面试官思维是指从面试官的角度出发，理解他们的期望和需求，从而更好地展现自己的能力、经验和优势。具体来说，面试官思维包括以下几个方面。

理解面试官的需求：应聘者应该深入了解面试公司、职位以及相关岗位的要求。这样才能更好地把握面试官的期望，从而有针对性地准备面试答案。

强调与岗位相关的技能与经验：应聘者应该把重点放在自己与岗位相关的技能、经验和成就上，突出展示自己适合这个职位的原因。

提供具体案例：面试官喜欢听具体的事例来支持应聘者的回答。因此，应聘者在回答问题时，最好用实际经历和成就来支撑自己的说法。

明确表达：应聘者应该尽量简明扼要地回答问题，避免啰唆或含糊不清。清晰的表达能力能让面试官更好地理解应聘者的回答。

了解公司文化：面试官希望找到那些与公司文化相契合的人。因此，应聘者在面试前应该了解公司的价值观和文化，以便在回答问题时展现自己与公司文化相匹配的一面。

展现自信与积极态度：应聘者在面试中展现自信和积极的态度，以显示出对这份工作的热情和对自己能力的信心。

具备面试官思维，能够使应聘者更好地与面试官进行有效沟通，准确传达自己的能力和优势，增加在面试中脱颖而出的机会。这种思维方式是在求职过程中非常重要的技能，有助于提高应聘者的竞争力，增加获得心仪职位的机会。

（二）素质模型

试想校园招聘中应聘者从来没有工作经验，面试官从哪里"推算"出他日后在公司会成功胜任工作岗位？

1. 任职资格

适合岗位的人需要具备哪些条件？这就是所谓的任职资格。任职资格是指为确保工作目标的实现，应聘者必须具备的知识、技能、能力和个性等方面的要求。它通常通过学历、专业、工作经验、技能和能力等来表达，也被称为胜任素质。在招聘广告中，每个岗位都会有明确的任职资格描述。只有符合这些标准，用人单位才会对应聘者产生初步的录用意向。

（1）什么是素质：素质又称"能力""资质""才干"等，是驱动员工产生优秀工作绩效的各种个性特征的集合，是把卓越成就者和表现平平者区分开来的深层次特征的集合，反映的是可以通过不同方式表现的知识、技能、个性与内驱力等。

（2）怎么了解素质：①通过关键工作事件了解应聘者的素质，包括事件背景、个人的行动以及成果等。②了解应聘者在特定工作情境中的思想、感受和愿望，尤其是其在那个情景中究竟是如何做的。③尽可能让应聘者详细而具体地描述自己的行为和想法，不要依赖他们自己的总结。

（3）胜任素质模型："我们一直在寻找这样的人：他是最适合某个特定岗位。实际上，我们在招聘之前，已经有了这个人的轮廓，并详细界定了他的各种素质和能力。招聘要做的，就是找到对号入座的人，虽然很多时候我们找不到完全符合的。"

这个轮廓就是胜任素质模型。

胜任素质模型就是某具体岗位所要求的一系列不同素质要素的组合。素质模型中各要素的表现形式和重要性分别有两种典型的模型可形象地表现出来，即"素质的冰山模型"（图5-3）和"素质的洋葱头模型"，但无论哪一种模型，从表层到深层或从外到内都依次包含"知识、技能、价值观/态度、社会角色、自我形象、个性、动机"等因素。

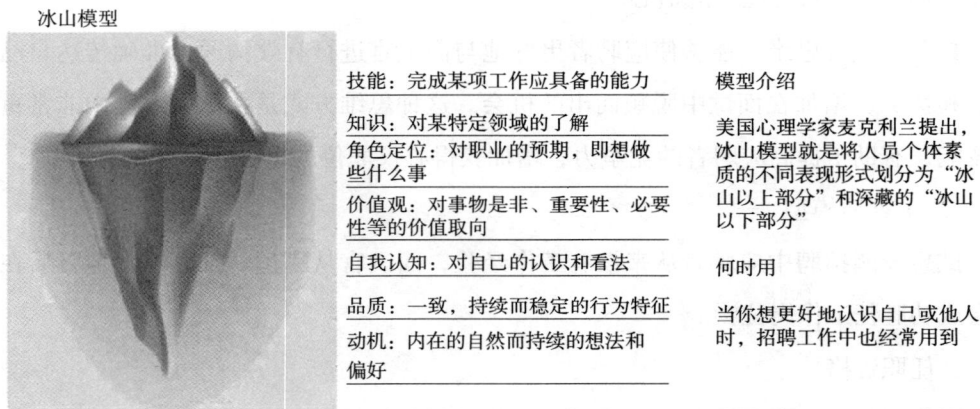

冰山模型

技能：完成某项工作应具备的能力

知识：对某特定领域的了解

角色定位：对职业的预期，即想做些什么事

价值观：对事物是非、重要性、必要性等的价值取向

自我认知：对自己的认识和看法

品质：一致，持续而稳定的行为特征

动机：内在的自然而持续的想法和偏好

模型介绍

美国心理学家麦克利兰提出，冰山模型就是将人员个体素质的不同表现形式划分为"冰山以上部分"和深藏的"冰山以下部分"

何时用

当你想更好地认识自己或他人时，招聘工作中也经常用到

图 5-3　冰山模型

2. 选择什么类型的人

虽然不同公司招聘不同类型的人，但以下几点具有普遍性。

（1）内在大于表面：在素质模型中，外层或表层代表外显的特征，而内层或深层代表内在的特质，其中内层的重要性高于外层。在选拔适合的人才时，最重要的是关注文化素养、价值观和求职动机。但这并不意味着外层特征不重要，可以用"外层特征是底线，内层特征是根本"来概括两者之间重要性的区别。

（2）千招会不如一招精：有些应聘者对各方面都略有了解，但没有专精，而另一些应聘者在某些领域有着卓越表现。如果一个人在某个领域能够比他人做得更好、更

深入，并且持续专注，那么在其他领域也有可能表现得更优秀、更深入。从求职角度来看，这就是"千招会不如一招精"的道理。因此，应聘者尽可能展现自己与岗位相关的亮点十分重要。

（3）缺点与信心并存：众所周知，人无完人。若一个人过度自信，认为自己没有缺点或不愿承认缺点，那么面试官可能会产生警觉。过于自信的人可能缺乏应对未来复杂局面所需的挫折经验。同样，若一个人无法识别自身缺点，其可能缺乏自我规划和反思的能力。真正值得面试官选择的是那些承认并了解自身缺点，同时充满信心的人。但需要注意的是，这些缺点不应涉及岗位所需核心的能力或素质，否则会成为致命弱点。

（4）放眼未来发掘潜力股：有些应聘者虽然具备一定的能力和经验，但似乎在很长一段时间内没有展现出进步。这类人如果处于舒适的环境中，可能会安于现状，失去进取精神和学习动力，其潜力可能并不大。而另一些应聘者在过去的经历中明显展现出成长，能力得到显著提升，其潜力通常较大。通常来说，那些善于从工作中学习的人会有较大的潜力，而企业也更倾向于招聘这种人。

可以按表5-3自我测试一下在面试官眼中是不是潜力股。

表5-3 自我测试举例

面试官的问题	自身情况
你如何看待自己的成长和学习？能否举出过去一两年里你在学习和个人成长方面显著进步的例子	
请描述一次你面对挑战或困难时，是如何解决问题并取得成功的经历	
你是否曾经主动寻求新的机会、挑战或项目来拓展自己的能力和知识	
你是否善于从失败或挫折中吸取教训，并改进自己的表现	
请谈谈你最近参与的一项项目或工作，你在其中学到了哪些新的技能或知识	
你对未来的职业规划和发展有清晰的目标和计划吗？你是否有一定的自我驱动力来持续提升自己的职业能力	
你是否愿意接受新的观点和不同的意见？是否乐于接受反馈，并在之后的表现中加以改进	
你在工作或项目中是否表现出积极主动、独立思考和解决问题的能力	
你是否在过去的经历中，展现出针对不同情况灵活应对的能力	
你是否喜欢挑战自己，愿意尝试新的领域或角色，而不是只停留在舒适区	

面试的目的是认识和了解应聘者的素质、能力和经验是否与岗位要求相匹配，以及应聘者对这份工作的态度。面试官的任务就是从应聘者的陈述和行为中辨识出应聘者的真实表现。

（三）从经历中推知能力

随着大家对面试的日益重视，越来越多的人会去学习面试方法，甚至把自己锻炼成一个能说会道的"面霸"。因此，面试官在面试过程中越来越少询问应聘者的主观感受，转而更多运用行为面试法进行面试，旨在通过应聘者过去的行为和经验来预测其未来的表现。以下是面试官使用行为面试法的一般步骤。

1. 明确岗位胜任力模型

面试官会明确特定职位的岗位胜任力模型，即该职位所需的关键能力和行为特征。这将成为面试官在面试中提问的基础。

2. 制订行为性问题

根据岗位胜任力模型，面试官准备一系列与特定能力相关的行为性问题。这些问题通常以"请举例说明""请描述一次经历"等方式开头，鼓励应聘者详细陈述其过去的行为和经验。

3. 探寻具体案例

在面试中，面试官会要求应聘者提供具体的实例或案例，以说明他们在过去的工作、学习或公益活动中是如何表现的。面试官通过这些案例了解应聘者的实际行为和决策过程。

4. STAR 法则

面试官在询问行为性问题时，通常使用STAR法则进行引导。STAR代表情境（Situation）、任务（Task）、行动（Action）和结果（Result）。应聘者需要按照这个顺序，首先描述面临的情境，其次明确任务和目标，接着详细说明采取的行动，最后说明取得的结果和收获。如果应聘者没有回答出完整的STAR，面试官则会有针对性地补充追问。

（1）问情境：请问那是在什么情况下发生的？

（2）问任务：你这么做是因为什么？

（3）问行动：在面临你所说的困难时，你是怎么做的？

（4）问结果：你当时的行为带来了什么影响？

三、培养面试技能

学习完面试的种类和面试官思维，大学生可以构建起对面试这件事的基本认知，结合职业生涯探索中的自我认知部分，已经完成知己知彼。接下来要做的就是行动起来，培养面试技能，做好面试准备。

培养面试技能对于大学生求职至关重要。有些应聘者虽然拥有不错的实习和实践经历，积累了一些认知，但由于缺乏面试技能的训练，他们无法很好地展现自己与岗位的匹配度。通过培养面试技能，应聘者可以在面试中展现自己的优势，吸引用人单位的关注，并最终获得理想的工作机会。面试技能的提升有助于展现出个人的实力和价值，使得应聘者更有信心和竞争力。

（一）了解面试技能

做面试准备时，大学生要依照清单梳理自己的面试技能，可以按照不同的维度进行分类。以下是按照维度分类的面试技能。

1.沟通与表达能力

面试中占比最大的部分就是双方的语言交流，因此沟通表达能力尤为重要，要求应聘者能够清晰流利地表达自己的观点和想法；听取问题并回答问题时，保持逻辑性和连贯性；使用恰当的词汇和语气，避免使用过于专业化或夸张的词汇；善于倾听面试官的问题，避免打断或过度中断。提升沟通表达能力可以从以下方面着手。

（1）练习自我介绍：提前准备并练习自我介绍，确保能够简洁明了地介绍自己的基本信息、专业背景和求职动机。注意用简单的语言表达，避免过于复杂的词汇和专业术语。

（2）明确表达观点：在回答问题时，要确保表达清晰明了，不要含糊不清或语焉不详。可以用简单的结构来组织回答，先点明观点，再举例说明，最后总结。

（3）细节和例子：在描述经验和技能时，尽量提供具体的细节和实例，这样可以更好地展示你的能力和经验，使回答更具有说服力。

（4）适当的语速和节奏：不要说得太快或太慢，要保持适当的语速和节奏。语速过快可能让人难以理解，语速过慢可能让人感到无聊。

（5）倾听并回应：在面试过程中，要认真倾听面试官的问题，确保理解问题的意思。在回答问题时，可以先确认自己是否理解正确，再进行回答。

（6）使用简单明了的语言：避免使用过于复杂或晦涩的词汇和语句，尽量使用简单明了的语言表达自己的观点。

（7）模拟面试场景：和朋友或家人模拟面试场景，这样可以帮助自己更好地掌握面试时的表达技巧和自信心。

（8）注重肢体语言和表情：面试时的肢体语言和表情也很重要，要保持自然、自信的姿态，避免紧张的手势和不自然的动作。

2. 逻辑思维能力

在表达之前，需要先在头脑中构建起一个较为完善的思维模型，在沟通的时候依照思维填充相关内容。这样会表现得思考更全面深入，而不是毫无章法、漫无目的，也可以避免交流中跑题。面试中常见的思维模型有以下几种。

（1）总分总：结论先行，先总的来说抛出自己的观点，然后进行阐述，最后再小结回扣主题。话术包括：我认为（结论先行），在这里我将从以下三个方面进行介绍，分别是（论据支撑）。首先，（第一个论据）。其次，（第二个论据）。最后，（第三个论据）。综上所述，（回扣主题）。

这种结构能够更清晰地呈现自己的观点，同时在阐述过程中，用有力的论据做支撑，会使结论更具说服力。

（2）发展性思考：以发展的眼光思考问题是一种全面综合的思维方式，它包含对问题过去、现在和未来的情况进行审视，同时要考虑问题在不同地点的表现。此外，还需要了解当前特定人群或受众的情况，并设想如果换成其他受众，问题会有何种不同表现。

（3）正反辩证：要综合考虑事物的对立面，从而得出全面客观的结论。这种方法能够避免片面和偏颇的观点，有助于更全面地了解问题的本质和复杂性。

（4）换位思考：站在自己的角度想自己表达什么，站在面试官的角度想他在考查什么，期待听到什么。

（5）紧急重要性：紧急重要性法则，通常在回答时间管理、任务管理类的问题时参考。

重要且紧急：这是需要优先处理的任务，对目标的实现或问题的解决具有至关重要的影响。通常需要立即行动，否则可能会带来严重的后果。

重要但不紧急：这是与目标一致且对未来有重要影响的任务，但暂时还没有迫切的时间限制。对于这类任务，应该合理规划时间，避免因紧急任务而忽略了重要但不紧急的事项。

不重要但紧急：这类任务需要立即处理，但对长远目标没有实质性影响。应该尽量避免过多投入时间和精力，以免影响重要的事务。

不重要不紧急：这些任务既不紧急也不重要，通常可以暂时搁置或避免。应尽量减少这类任务对时间和资源的消耗。

根据紧急重要性法则，合理分配时间和资源，关注重要但不紧急的任务，可以帮助大学生更好地规划未来，避免紧急情况频繁发生，避免拖延和无效的忙碌，提高工作效率和生产力。同时，它也强调了长期规划和自我提升的重要性，能够帮助人们实现更高效的时间管理和目标。

3. 凸显人职匹配

在面试中做好人职匹配非常重要，因为公司希望招聘的员工能够与岗位需求匹配，和公司文化相适应，能够在工作中发挥出最佳表现。做好人职匹配可以从以下六个方面着手。

（1）了解公司和岗位要求：在面试前，仔细研究公司的业务和文化，了解岗位的职责和要求。对于自己的能力和经验，进行自我评估，看是否符合岗位的要求。

（2）强调与岗位相关的技能和经验：在面试中，重点强调与岗位相关的技能和经验。通过具体的事例和成就来证明自己在该领域有丰富的经验和能力。

（3）表现积极的态度：在面试中，展现积极向上的态度，表达对该岗位和公司的兴趣和热情。公司更倾向于招聘那些对工作有热情和动力的应聘者。

（4）诚实和真实：在面试中，要诚实回答问题，展示真实的自我。面试官是很有经验的，应聘者不要夸大自己的能力或经验，以免露馅或在后期工作中出现不适应的情况。

（5）关注文化匹配：除了技能匹配，文化匹配也很重要。了解公司的价值观和文化，并观察是否与自身价值观相契合。如果公司的文化与自己的价值观不符，则可能会在工作中感到不适应。

（6）突出个人特长：在面试中，突出与众不同的个人特长和优势。公司通常希望招聘多样性的人才，特长可能成为求职者脱颖而出的关键。

完成表5-4的匹配度自评表，结合目标岗位的需求，思考是否满足岗位的硬性要求，如学历、专业、证书等；是否具备相关专业技能；是否拥有相关从业经验或实习经验；是否对这份工作感兴趣；在求职过程中态度是否积极；在面试中表达得是否让人满意；是否与企业倡导的文化和价值观相契合；自身优势和特长是否能在这个岗位上发挥价值。

表5-4　匹配度自评表

目标岗位名称	匹配度自评/%
岗位硬性要求	
技能与经验	
兴趣与求职态度	
面试表现	
文化与价值观	
优势与特长	

4. 问题回答能力

灵活应对各类问题，包括关于个人、工作经验、技能、团队合作等方面的问题。能够提供具体的事例和成就来支持回答。不回避问题，诚实回答困难或挑战性问题，同时展现解决问题的能力。如遇到提问内容不清晰的情况，如行业术语、英文缩写等，可以大方地请面试官解释，再根据自己的理解进行回答。如遇到自己没有相关经历时，可以假设自己正在经历会怎么分析和处理。总之不要告诉面试官"我不会""我答不出"。因为面试中多数问题没有标准答案，呈现自己思考的过程也可以让面试官有所判断。

5. 面试礼仪与职业形象

保持礼貌和尊重，展现出良好的职业素养。尊重面试官的时间，提前15分钟到达，准时参加面试，展现出对面试过程的认真态度。

进门前中指弯曲在门上轻叩三下，面带微笑、感情饱满地走向面试官，在获得其许可之后落座。刚开始时，向面试官表达问候，如"尊敬的面试官您好"，结束时，表达感谢，如"感谢您的提问、感谢您宝贵的时间、感谢您给我这次面试的机会"等。

穿着得体，注重细节，展现整洁、专业的外表。着装切忌随意邋遢，不要穿拖鞋、圆领T恤、短裤，建议穿着正装、职业套装或符合本岗位日常工作要求的着装。头发颜色及发型要符合岗位气质。女生不做夸张的美甲，不浓妆艳抹，建议化淡妆，不佩戴过多的配饰。男生注意修剪指甲、保持面部清洁、胡须干净、发型整齐。

注意面部表情和姿态，表现出自信与积极的态度。面试过程中要感情饱满、状态积极，可面带微笑，注意与面试官进行眼神交流。若有多位面试官，可适当地进行扫视与目光停留，在回答问题时主要看向提问的面试官。切忌目光闪躲、眼神闪烁、长时间望向天花板或望向地面。

6. 良好的面试心态

在面试中保持良好的心态具有重要的作用。积极的心态能够影响自信表现、与面试官的互动以及整个面试过程的结果，使求职者能够自信地回答问题，清晰地表达想法，展示自己的技能和经验。此外，良好的心态能够减轻紧张和焦虑感，从而更好地应对面试中的挑战。它还能影响身体语言，传达出积极、自信的信息。培养良好的面试心态需要时间和努力，但通过一些特定的方法和实践，可以逐渐锻炼出更积极、自信的心态。以下一些方法可以帮助求职者锻炼良好的面试心态。

（1）反思和自我认知：了解自己的情绪和思维模式。通过反思，可以识别出可能导致紧张和焦虑的思维，然后努力转变为更积极的态度。

（2）积极的自我谈话：将消极的自我评价转变为积极的声音。用积极、自信、鼓励的语言来对待自己，增强自信心。

（3）放松和冥想：练习深呼吸、冥想和放松技巧，以帮助自己在紧张的情况下保持冷静，更好地控制情绪。

（4）身体语言训练：学会用自信的姿势和身体语言来表达自己。保持直立、放松的肌肉，保持目光交流，这些都可以帮助自己传递自信和积极的信号。

（5）可视化练习：想象自己在面试中表现出色，成功地回答问题并展现自信。这种积极的想象可以帮助自己建立自信心。

（6）逐步暴露法：通过逐渐将自己暴露于类似的面试情境中，帮助自己适应紧张的感觉。可以找朋友模拟面试，或者参加一些模拟面试的活动。

（7）自信来自准备：充分准备可以大大降低紧张感。深入研究公司和职位，准备好可能的问题的回答，会增强信心。

（8）接受不完美：理解没有人是完美的，面试也不可能毫无问题地进行。学会接受自己的缺点和失误，不要过于苛求自己。

（9）正面经验的回顾：回顾曾经的成功经历，无论是在工作中还是在其他领域，这将提醒自己有能力应对挑战。

（10）专注当下：在面试中，把注意力集中在当前的问题和对话上，而不是过度担心结果。专注当下会帮助自己更好地表现。

通过不断地练习和努力，大学生可以逐渐培养出更积极、自信的面试心态，从而提高在面试中的表现。积极的心态可以成为你在职业发展中的强大支持。

7. 问题提问与反向面试

在面试结束时，通常面试官会问："你还有什么问题问我吗？"这时候就要提出合理、恰当的问题，表现出对公司和岗位的兴趣与了解。在面试前，充分了解公司的背景、产品或服务、市场地位等信息，准备一些关于公司发展和成就的问题，表现出对公司的了解和兴趣。可以询问工作内容、团队结构、合作方式等，展现出对岗位的认知和关注；可以问一些关于公司文化、发展前景、企业价值观等问题，以展示对公司长远发展的关注。在面试结束前，可以询问面试流程和后续步骤，以便了解接下来的招聘流程。

通过反向面试，不仅能够获取更多关于公司和岗位的信息，还可以表现出对公司和工作的认知和兴趣，这将有助于做出更明智的职业决策，同时也给面试官留下积极主动、关注细节的印象，增加在面试中的竞争力。记得在适当的时机提问，不要占用面试官过多的时间，展现出礼貌和尊重。

（二）在实践中提升

练习面试技能是提高面试表现的有效方法，以下是一些建议，可以帮助大学生有效地练习面试技能。

1. 规划面试场景

设立一个面试场景，可以是模拟的或者真实的公司。准备问题列表，包括常见的面试问题和与岗位相关的问题。

2. 自我录像

使用手机或摄像机录制自己的面试练习。录像后，仔细观察自己的表现，分析自己的语言表达、姿态和表情等，找出需要改进的地方。

3. 与伙伴模拟面试

找朋友、家人或同事作为模拟面试伙伴，模拟真实的面试环境进行发问，并适时提供反馈。

4. 准备面试答案

提前准备面试问题的答案，特别是一些常见的问题，如自我介绍、优势和劣势、工作经验等。对于与岗位相关的问题，也要进行充分准备。

5. 突破语言障碍

练习用简洁、清晰的语言表达自己的观点，避免口吃和紧张的情况，可以通过朗读和练习口语来提高自己的语言表达能力。

6. 练习自信姿态

练习保持自信、坐姿端正和自然的肢体语言，确保在面试过程中展现出自信和专业。

7. 时间控制

练习在规定的时间内回答问题，尽量做到简明扼要，不拖沓。

8. 多样化面试练习

尽量模拟不同类型的面试，包括电话面试、视频面试和面对面面试，以适应不同的面试场景。

9. 自我反思和改进

每次练习后，进行自我反思，找出自己的不足和需要改进的地方，并制定下一次练习的目标。

通过持续地练习和自我反思，大学生可以逐渐提高面试技能，增强在面试中的自信和应变能力。练习有助于更好地应对面试压力，展现出自己的优势，提高获得工作机会的可能性。

第三节　求职材料准备

互联网对人们的影响是深刻和全面的，对于大学生求职的影响同样如此，这是线上求职同步的时代，大学生的书面求职材料往往早于求职者本人出现在 HR 面前，它是地地道道的"敲门砖"，是企业 HR 决定是否为求职者拨通面试电话的关键。在每年的大学生招聘高峰期，每天都会有几十上百份的求职材料被传递到一位普通企业 HR 的面前，要想求职材料能够在第一时间吸引 HR 的眼球，这对大学生而言是一个不小的挑战。有不少在校表现优秀的大学生忽略了对求职材料的精心制作，往往先从网上下载一个简历模板，再花半天时间参考一下学姐学长或者同学的简历，炮制出一份毫无个人优势和岗位针对性的简历。因此，不少优秀的大学生可能会发现，自己发出去的求职简历如泥牛入海。下面一起来深入了解这个至关重要的大学生求职的"敲门砖"——一份亮眼的求职材料是如何制作完备的。

大学生在应聘前需要准备的求职材料主要包括自荐信、求职简历以及其他各种相关证明材料。简历是重要的敲门砖，但也受篇幅和文体限制，不能长篇大论，不能对所有成绩和特长都进行详细描述，也不可能完全展现求职意愿，此时如果能够运用较为丰富的其他证明材料进行补充说明，必将给应聘增添胜算。

下面是大学生在应聘前需要制作和准备的求职材料列表，可以根据岗位要求对照进行准备。

（1）个人简历。

（2）自荐信。

（3）官方证明材料，主要包括学习成绩单、毕业生推荐表等。

（4）专业学习成果证明材料，主要包括作品（如各种设计作品、编写的程序、发明专利等）、专业实践经历证明、科研论文等。

（5）职业相关技能的证明材料，主要包括计算机等级证书、英语等级证书、职业资格证书等。

（6）综合素质的展示材料，主要包括参与校内外文化、艺术、体育等各级各类活动的获奖证书或者比赛的照片，关于活动的新闻报道等。

一、设计求职简历

通过梳理自己过往的经历，分析整理出自己的特长优势，结合求职岗位的要求，以"我是该岗位的胜任者"为论点，以自己具备的知识能力、取得的成果、相关经历为论据，撰写自己的求职简历，使 HR 能够充分认同"你是该岗位的良好胜任者"。这就是求职简历的制作任务与实施过程。

（一）简历的定义

简历，顾名思义，就是对个人学历、经历、特长、爱好及其他有关情况所作的简明扼要的书面介绍。简历是有针对性的自我介绍的一种规范化、逻辑化的书面表达，能够向未来的雇主表明自己拥有满足特定工作要求的技能、态度、资质和自信。在浩瀚无边的求职信息中，简历是求职者接触 HR 的第一步，是求职的"敲门砖"，是在

HR 心目中建立第一印象的材料，也是吸引和打开 HR 心扉的第一把重要的钥匙。

不少大学生对制作简历的认知仅仅停留在下载简历模板、填写模板、投递简历这样一系列完成任务的被动过程中。其实，梳理自己的过往经历，将岗位需求与个人能力相匹配，选择恰当的呈现内容，学会使用吸引 HR 的语言，深入浅出地描述自己的成长故事，才是撰写简历要掌握的重点。在进入大学之后，最好尽早熟悉撰写简历的技能，某些大学生或许在找工作之前才开始撰写简历，当发现缺乏高含金量的内容写入简历时就很着急，而如果在大学低年级就知道了求职简历需要写入的重要内容，就会主动规划自己的大学生活，使自己全面发展，就能很好地充实自己的简历。当然，在毕业的最后一年为自己的知识、技能查漏补缺，仍然大有可为，只是有些仓促。总之，早认识、早规划、早行动不仅可以让大学生的求职之路事半功倍，还可以让大学生活更加精彩、充实，书写简历时也就能言之有物、言之有据。

（二）简历的组成部分

一份求职简历主要包括基本信息、求职意向、教育背景、相关经历（包括实习、实践、科研、竞赛、社团活动、学生工作等）、荣誉奖励、资格证书及相关技能证书、兴趣爱好及特长、个人优势等八个模块。

1. 基本信息

基本信息是大学生告知招聘单位"我"是谁，怎样联系到"我"。基本信息主要包括姓名、性别、出生日期、籍贯、学历、民族、政治面貌、联系方式、照片等。这些信息不需要全部出现在简历中，但是很多大学生往往不做区分，模板中有什么项目就填写什么内容。实际上，个人基本信息包含必填信息和选填信息两部分，必填信息是简历基本信息中必须有的部分，选填信息则是可以根据求职岗位的实际需要选择填写的部分。举例说明如下。

（1）必填信息：求职者的姓名和联系方式（包括手机号码、电子邮箱）是必填信息。而且联系方式必须准确无误，确保 HR 能够联系上自己。

（2）选填信息。

①照片：求职简历上一般要放入证件照，且使用与真实相貌差别不大的近期照片，尤其是某些以对外沟通交流为主的应聘岗位，如房地产行业的客户管理、销售、开发报建等代表企业形象、对形象有一定要求的岗位。

②籍贯：需要分情况进行讨论。如果求职者的籍贯与应聘岗位的工作地点是相同

的省份，那么可以填写；如果不相同，建议不写。例如，籍贯是山东青岛，应聘的企业岗位是山东烟台的某公司，那么可以写明籍贯"山东"；如果籍贯是山东济南，应聘的某公司的岗位在广东广州，那么建议不写籍贯。籍贯是面试官衡量求职者稳定性的重要参考因素之一。

其他的选填信息也同样是根据实际情况进行选择的，招聘简章明确要求的项目均应该明确填写到简历中。

2. 求职意向

一般来说，写求职意向的是定制化简历，而不写求职意向的为通用简历，两者各有优点，前者更有针对性，后者使用更方便。

定制化简历是针对目标岗位的具体要求专门设计的简历，适用于求职目标格外明晰的情况，其优点在于"精准"，而存在的不足在于"信息不够全面"。如果已经有了明确的目标岗位，定制化简历能够很好地发挥其简短、精准等特点，提高求职的有效性。所谓精准，是指针对性强，大学生在描述自己的教育培训、实践经历以及选取相关证明材料时更具有针对性，一方面，某些经历和证明材料对应聘目标岗位很重要，可以重点突出地进行描述；另一方面，某些对目标岗位无帮助的经历和证明材料则可以省去，使简历变得更简短精练。

求职意向是定制化简历的中心环节，各项信息的呈现都是围绕大学生的目标岗位来描述的，这个目标岗位就是大学生的求职意向。一篇议论文只有一个论点，一份定制化简历也只能有一个求职意向，如果有多个求职意向，则需分别撰写不同的简历。

那么求职意向应该如何写呢？一般分两种形式。

（1）简约式：注明目标岗位类别即可，如财务类相关职位、教育类相关职位。

（2）详细式：注明工作性质、工作地点、意向行业、目标职位等。

通用简历其实就是一份个人履历。即把个人所有的求职信息全部提供给用人单位，用人单位根据其情况安排适合的工作岗位，而求职者对求职意向没有特别倾向。其优点在于信息"全面"，而缺点在于"缺乏针对性"。

当然，大学生可以制作好自己的通用简历，当在收集信息中发现了自己的目标岗位时，在通用简历基础上修改出一份针对目标岗位的定制化简历。

3. 教育背景

大学生的教育背景往往按照时间逆序来写，一般从最高学历开始写。教育背景中一定要包括就读的时间段，就读学校、学院、专业及学历，而大学生的主修专业、辅修专业、相关课程、成绩排名、研究项目等要素则可以根据实际需要有选择地写。如果学校或者学历背景比较普通，而用人单位对学校或者学历背景又有着明确的要求，可以通过介绍自己其他方面比较突出的经历来弥补，比如参加了自考、辅修了相关专业、参加某些国家级比赛并获得了奖励等，都可以在这部分内容中写清楚，有助于突破用人单位对学校学历这一特定项目的限制。

（1）就读时间段：大学生的每一段教育经历都要有起止日期，详细到年月，各段教育经历的时间要无缝衔接。

（2）学校：如果大学生就读的学校在某专业领域具有较大的影响力，如"示范学校"，那么校名就成为加分项，可以加粗显示。

（3）专业：如果所学专业和目标岗位对口，则可以加粗强调。如果大学生是跨专业求职，那么辅修经历就显得分外重要，当然也可以在实践经历中进一步证明自己的胜任能力。

（4）相关课程：不要把大学期间所有的专业课一一罗列，一是简历的篇幅有限，二是难以突出自己的优势学科。建议选取主修专业课，尤其是与自己目标岗位所要求的能力高度相关的课程，如果主修课程的成绩优良，可以标注出自己相应的成绩。

（5）排名情况：如果大学生的专业排名比较靠前，可以写在简历上，如"排名：年（班）级前10%"。

4. 相关经历

实习、实践、科研、竞赛、社团活动、学生工作等被统称为相关经历。这是个人简历中最重要的部分，也是企业 HR 在浏览个人简历时重点关注的部分，因为素未谋面，企业 HR 只能通过我们的过往经历来判断我们的知识能力、综合素质、个性品质、兴趣特长等。在撰写相关经历时需要注意以下几点。

（1）相关经历中一定要包括自己参与的实习实践活动的具体时间，自己担任的角色，以及自己在活动中的具体经历。

（2）把更有分量的高度相关的经历写在前面，让重要的经历更快更直接地被企业 HR 看到。

（3）如果实习公司在业界知名，可以不用解释；如果不太知名，可以稍作解释，强调实习公司在行业中的属性与地位。比如某公司在某个细分小众领域有较高的地位和影响力，对于大众来说比较陌生，那么在写简历的时候就可以对该公司所在行业的地位进行解释。

（4）如果相关经历较少，那么可以将其全部写入简历中；如果经历较多，就需要根据岗位要求进行选择。

（5）如果没有实习经历，可以找校园活动中能够证明自己能力的经历，如社团活动、班干部、校园大赛、课堂上的小组作业、兼职经历、公益活动经历……只要能在某项经历中找到证明自己具有目标岗位所需要的能力的相关点，就可以将它写成一段经历放在简历中。

（6）使用 STAR 法则来描述每一段经历，即在什么场景下，有什么工作，做了什么，获得了什么成果或学到了什么。

下面通过一个案例来学习运用 STAR 法则书写相关经历的技巧。

某同学是学校学生会女生部部长，参与组织了 2023 年的新生游园会，那么用 STAR 法该如何描述这件事情？

S：2023 年在校担任学生会女生部部长期间。

T：参与组织了新生游园会。

A：负责游园会活动策划、设备与道具采买、联系沟通同学。

R：顺利完成了游园会的举办，累计有 200 名学生参加，获得了年度优秀活动奖励，提升了活动策划执行与组织能力。

那么如何将这一段经历写进简历中呢？写作如下。

2023 年 4 月—2023 年 5 月　校学生会　女生部部长

参与组织新生游园会，负责游园会活动策划、设备与道具采买、联系沟通同学，游园会累计有 200 名学生参加，获得了年度优秀活动奖励，提升了自身活动策划执行与组织能力。

当求职者在某一段经历中所做任务种类比较多的时候，可以对任务进行分类，再将同类任务的工作合并到一起进行描述，尽量让每一类任务都对应到目标岗位所要求的某种核心能力。这可以方便 HR 定位求职者的能力，判断其是否能够胜任这个岗位。

5. 荣誉奖励

荣誉奖励包括在过往学习和实践工作中获得的各级各类奖项、荣誉称号等，如果荣誉奖励较多，可以分类书写，并将与目标岗位高度相关的放在前面，可以去掉日期，标明奖项的级别和含金量，如下。

（1）学术类：获得国家奖学金（2%）1次，获得校级学生奖学金（5%）2次。

（2）社团类：获得校级优秀团干部（15%）1次，获得校级优秀团员（15%）1次。

（3）文体类：获得校运动会长跑比赛第6名，获得校级歌咏比赛团体二等奖1次。

如果荣誉奖励不多，那么可写明获奖的时间、发奖单位、具体名称、奖励等级等，不用进行分类，但仍要把与目标岗位高度相关的奖项放在更前面。

6. 资格证书及相关技能证书

在简历中书写相关技能证书时，需要满足三个要素：有关的、有效的、有证明的。有关的即与目标岗位有密切的相关性，如想要从事教育工作，就应该提供教师资格证、普通话等级证等相关证书。有效的即掌握的该项技能现在还用得上甚至是很熟练。有证明的即掌握的该项技能有专业资格证书，或者是有产出作品可以充分证明该技能。

资格证书及相关技能证书主要包括语言能力证书、计算机能力证书、专业技能及资格证书等。例如，语言能力类的大学英语四、六级证书，计算机应用类的计算机一级或二级证书，专业类的资格证书如教师资格证书、护士职业资格证书、软件工程师资格证书、工程造价师资格证书、执业医师资格证书、会计师资格证书等。专业类证书是大学生进入职场的敲门砖，与大学学历同样重要。当然，资格证书最好是与目标岗位相关的，如果是毫不相关的证书，可写可不写。如果资格证书具备的专业程度非常高，那么一定要写，这是对自身学习能力的一种展示。

7. 兴趣爱好及特长

大学生首先要分辨清楚什么是兴趣，什么是特长。一般而言，如果不是特长，只是兴趣的话，没有必要罗列太多，两三项即可。当然在特定的时候，也可以通过书写个人兴趣来体现自己所具有的某种特质和能力，而这种能力正是与目标岗位的需求相匹配的。比如，热爱足球、篮球等运动项目，可以体现团队协作精神；喜欢棋类项目，可以体现逻辑思维能力以及战略布局能力；喜欢演讲和辩论，可以体现良好的表达能力和沟通能力。

如果大学生的兴趣能够转换为未来的工作能力，那么可以这样进行表述：喜欢写作，有自主运营的公众号；热爱舞蹈，喜欢编排舞蹈。

特长是个体具备的某项专长，其能力水平超出常人的水平，比如乒乓球达到国家一级运动员水平，钢琴达到国家9级水平，是学校足球队主力队员，等等。如果其水平超出业余爱好的级别，也是用人单位比较看重的内容时，不管与目标岗位是否相关，均可写入简历，这是大学生综合素质的体现。

8. 个人优势

撰写这一部分内容时存在一定的误区，不少大学生过于依赖网络，直接从网上复制一段对自己毫无针对性的空话、套话来进行自我评价，造成个人优势的描述不仅没有成为自己的加分项，反而因为给HR留下不好印象而成了减分项。其实这一板块应该是简历的总结部分，大学生可以再次综述与强调自身的优势。这一部分撰写的逻辑是结合目标岗位的特点，找到自身素质优势与目标岗位要求匹配的核心点，用关键词总结自身的素质优势，再匹配总结性事实进行说明。比如，大学生如果应聘销售岗位，需要强调自己的沟通能力、抗压能力，而应聘行政管理岗位则要强调自己责任心强、细心谨慎。接着用一句高度概括的语言对各项素质优势进行例证。

（三）让简历脱颖而出

1. 模块设计合理

简历上的无效、无意义图标一定要去掉，每一个板块与要点尽可能清晰，也要避免毫无重点的大表格式简历。尽管所有的简历都由相似的几大块内容组成，但是以不同的方式呈现可以产生不同的效果。上述八个基本模块，除了基本信息、求职意向和个人优势部分外，与岗位要求越匹配的部分应越往前放。

2. 内容体现"人职匹配"原则

简历从某种角度看就是一篇论述性文章，其中心论点是"自己是应聘岗位的最佳人选"，而简历中的所有信息都是论据。当求职意向基本确定后，就必须为特定企业、特定职位，"量职"打造简历。一份合格的求职简历的求职意向应该清晰明确，简历中的学历、专业、外语水平、计算机水平、实践经历、实习经历、特长、兴趣、自我评价、其他重要或者特殊的信息等都是证明"人职匹配"的关键信息，无关的甚至妨碍应聘的内容绝不能出现。

3. 表达凸显个人优势

简历是广告，而广告最重要的目的就是用独特优势吸引别人的目光。要在资源有限的条件下，用最有效的表达方式展现出自己是最合适的人选，可以遵从以下四个表达原则：用关键词说话，用动词说话，用数字说话，用结果说话。用语要简洁凝练，少用长句，多用短句，一般不用第一人称"我"。

4. 建立简历素材库

在求职的过程中简历往往起到四个作用：表达求职态度，展示个人能力，赢得面试机会，促进个人成长。所以，在开始制作简历时，应该先做一个无限放大版的简历素材库，把所有成就事件、大学期间的所有经历和证书都整理好，填充到简历的八个基本模块中。在求职过程中，找到自己的核心竞争力，研究某一类行业/岗位的要求，做出某类有针对性的简历；然后进一步聚焦，根据招聘简章的要求修订简历内容，制作出针对某个具体单位的某个具体岗位的简历。简历的撰写是一个从素材库寻找素材，不断投、不断改，不断自我提升的过程。

（四）撰写简历应注意的细节

细节决定成败，掌握了撰写简历的技巧后，还要注意不能在细节上掉以轻心。当HR看到一份凌乱、错误百出的简历时，同样也会对求职者的态度、工作能力产生不好的印象，会认为求职者没有认真对待这份简历，也大概率不会认真对待这份工作。一份专业的简历应当注意以下几点。

（1）一定不要出现错别字，避免中英文标点符号混用的情况。

（2）要疏密有致、主次分明，重点信息要通过排版，如加粗、改变字号、间隔等方式来体现。最需要突出的优势放在简历前1/3的位置，内容按照重要性和与职位的相关性排序，简历中的实习、社团、兼职经历等大部分要与申请岗位相关。

（3）尽量控制在一页范围内，如果要写两页，第一页至少要写到2/3。

（4）字体颜色最好用黑色，各段落和同类信息（如同时间段的、工作经历相似的）对齐，字体、字号一致，强调的信息加粗加黑，不用下划线。

（5）不要使用框格，上边距、下边距、左边距、右边距留白得当，段落间距舒适。

（6）不要出现"个人简历""Resume"字样。

（7）不要以学校的标志或者名称为页眉。

（8）打印简历时，要使用80克左右的白色或者奶白色纸张，可以选择彩色打印，不要用复印的简历。

（五）富士康HR谈企业如何筛选简历

到底什么样的简历能够打动HR？在实际招聘过程中，HR到底如何挑选简历？他们更关心简历中的哪些内容呢？针对本节内容，富士康科技集团的招聘经理李艳讲述了挑选简历时的一些小技巧。

问：收到简历之后，会按照什么样的流程进行筛选？

答：我们每天收到的简历很多，所以每次筛选简历的时候都会先通过十几秒的快速浏览对简历进行初筛，在这短短十几秒浏览中我会看简历的整体格式是否工整、学历等硬性要求是否符合以及是否有相关的经历，通过这一次筛选的简历才会被 HR 放到后面详细地浏览。因此，求职者写简历的时候要注意给 HR 留下好的第一印象，格式要工整并且注意在简历中放入岗位要求的关键词，以便于 HR 快速锁定筛选。

问：在筛选简历的时候，重点关注哪些信息？青睐哪种语言风格的简历？

答：我们在筛选简历时一般重点关注实习经历，参与的专业项目、校园活动，以及获得的奖项，如果是研发／技术类岗位还需要关注其发表的专业论文，具体如下。针对研发／技术类岗位会特别关注其学术履历，如参加的专业课题研究／项目、发表的论文、所获奖项。对其他岗位则会关注：实习经历，实习时主要负责的工作，实习收获；校园活动，具体校园经历，担任的角色；在校成绩，有无挂科现象，挂科的具体科目，以此了解该生在校的学习状况；简历排版及其文字，尤其关注错别字、错符号，以此判断该生细心、认真与否。此外，在筛选简历时，朴实风格的简历会比花里胡哨的简历更受我们的欢迎，因为会让人觉得该同学比较踏实、真诚。

问：应届生实习经历比较少，您认为他们该如何在简历中体现专业能力？

答：如果求职者应聘的是研发／技术类岗位，实习经历少的可以尽量多介绍一些在校的专业课题／项目研究，发表的论文，与专业相关的比赛、课程实习等；如果求职者应聘的是职能类的岗位，没有相关实习的话，可以介绍校园经历、担任学生干部经历、相应专业证书等。

问：兴趣、特长以及自我评价部分，HR 的关注度高吗？通常情况下，这部分对于用人筛选是否有影响？

答：富士康在筛选简历的过程中，对应聘者的兴趣、特长还是有较高关注度的。特长对某些职能岗位影响较大，如人力资源或者活动规划类岗位，如果有特长，则录用的概率会更大。通常情况下，自我评价对筛选用人无太大影响。

问：对应届生而言，除了简历，您还关注什么求职材料？

答：在招聘应届生的时候，富士康除了关注简历上的内容外，还比较关注其个人作品，比如发表的专业论文，艺术生的个人设计作品、多媒体作品等。

（六）简历投递

简历准备好后，一般主要有线下和线上两种投递渠道，每种渠道中又包括了若干种投递方式，具体介绍如下。

1.线下投递渠道

线下投递渠道主要有三个：第一，宣讲会结束后投递。大多数公司在召开宣讲会的时候会接收简历。第二，大型招聘会、双选会上投递。这是一个广撒网的机会，不过大学生还是要找准目标，有针对性地投递求职材料。第三，内推投递。这是投递求职材料最高效的一种方式，如果某公司里有认识的师兄师姐，可以请他们帮忙投递。

2.线上投递渠道

线上投递渠道主要有两个：第一，通过企业的线上招聘官网进行网申投递。网申平台通常是企业根据自身要求定制的，按照企业网申平台的要求将简历内容填写进去，同时上传相关附件。第二，通过电子邮件向企业发送简历。电子邮件投递是目前常见的一种方式，下面详细介绍一下电子邮件投递需要注意的事项。

（1）投递邮箱的选择：大学生应优先选择大品牌的邮箱，如 Gmail、Foxmail、Outlook、网易等。现在很多求职者喜欢使用 QQ 邮箱，在使用 QQ 邮箱或者其他邮箱的时候，要记得将昵称改成自己的姓名，这样 HR 会更容易查找和记录，招聘企业在后期整理投递的资料时也会方便很多。

（2）邮件的命名：HR 每天要处理上百份简历，涉及几个到十几个岗位，如果邮件的命名不够直接，在对简历进行整理、归档的时候需要根据简历中的内容进行重命名，这会增加很多工作量。尤其在邮件名称中不要带有表情符号或者各种另类符号，这类命名很容易被 HR 误认为是垃圾邮件而忽略掉，失去被看到的机会。所以，想让 HR 一眼就注意到你的邮件，邮件的命名是关键。

①招聘简章中已指定邮件命名格式的情况。很多 HR 会要求求职者用固定的格式来命名，这样一方面减少了整理文档的工作量，另一方面也能快速筛选出合格的简历。例如，很多 HR 会要求简历以"学校＋专业＋年级＋姓名＋到岗时间＋工作时长"的方式命名。这时只需要按要求命名就好。

②招聘简章中没有指定邮件命名格式的情况。很多时候，招聘要求中没有指定用哪一种格式命名，此时大学生可以从岗位需求中找到对方最关注的点。比如对方指出

有××年××工作经验者优先考虑，若正好符合，那么在邮件主题上就可以写上"××年××工作经验"。最佳命名方式是：应聘岗位名称＋姓名＋一两个亮点。

（3）邮件书写及注意事项：有些求职者只写邮件标题，并上传简历作为附件，却忽略了邮件正文。HR遇到这种情况，可能会感觉求职者不太重视这个机会。所以邮件的正文一定不能空着，简历正文的内容通常包含以下内容。

①自我介绍：姓名＋学校＋年级＋专业＋投递岗位。

②入职时间：最快入职时间＋实习时长。

③个人能力：简单罗列符合的岗位描述（JD）中的要求，可以如何胜任每类任务（可以逐一对照JD写自己的优势）等，也借此展现自己有相关实习经历或某项技能。

④意愿表达：真诚地表达自己确实喜欢这个岗位方向，并会努力做好。

（4）邮件正文。

尊敬的HR：

您好！

我是××大学××专业×年级的×××。我在××平台看到贵公司的招聘信息，希望应聘××实习生的岗位。我目前在××市，最快可×月入职，可以保证全勤实习×个月以上。

我的情况简述如下：

相关实习经历

相关个人技能

性格：抗压、细致等

兴趣爱好：社交媒体平台重度用户、关注热点等

综上，我认为我有能力胜任这一职位，也很热爱×××这个就业岗位，期待能获得面试机会。更多信息请详见附件简历，谢谢您的查看及考虑！

祝工作顺利，×××

（5）附件及注意事项。

①投递方式：电子邮箱投递简历用正文还是附件发送，其实这两种方式都有不少的支持者，一般还是建议大家在正文写求职信，在附件上传简历。这样做一方面能保证简历格式，方便HR下载简历并打印；另一方面在求职信中可以用笔墨让自己的优势最大化地呈现出来。当然也可以在正文和附件中都留下简历，只要排版得当就行。

最后要提醒的一点是，如果招聘信息中有对简历投递的要求，请严格按照招聘信息中的要求投递简历。

②一定要避免遗漏附件：当在邮件正文已经表述了自己的基本信息和求职意向后，千万不要忘了上传简历附件。很多求职者写完正文直接点击"发送"，忘记附上简历，再重发一封，这会让自己的求职形象大打折扣。所以一定要在投递之前对照清单仔细检查，无误后再发送。

③附件的名称：这个名称应该和邮件标题一样，应聘岗位名称＋姓名＋一两个亮点或按指定要求写。

④附件的格式：一般而言，简历以 PDF 格式优先，Word 格式会因为版本问题导致内容串行，影响阅读体验。如果招聘信息中明确说明需要投递 Word 版本，参照执行即可。

⑤附件的大小：附件的大小最好控制在 8M 以内，PDF 也是可以再次压缩的，如果要发送成绩单、证书等其他附件，直接做成一个 PDF 文档发送，尽量减少打开文件的步骤。关于面试作品，如今网络很发达，如果有好的作品，可以放到互联网上，然后在求职信、简历中用超链接附上，会更方便。

（6）其他注意事项。

邮件不要发两遍或者两遍以上。要注意在邮件中一次把相关信息全部说清楚、说准确，不要过两分钟之后再发一封补充邮件。

不要向同一单位申请多个职位。发送简历邮件时，每次尽量只投递一个岗位，且邮件标题、简历内容、求职信等都要针对公司的需求来写，千万不能用一套模板应聘多个岗位或者多家公司。

发送邮件前最好先发给自己检查一下。

列一份检查清单。用电子邮件投递简历只是一件小事，但也要避免犯低级错误，下列清单可以在检查时作为参考。

①收件人地址是否正确。

②邮件主题是否与附件的命名一致。

③求职信是否根据岗位进行了调整。

④求职信中是否有错别字。

⑤求职信中对招聘单位的称呼是否有误。

⑥求职信中是否有落款。

⑦附件是否已添加。

⑧发件人是否为自己的姓名。

二、撰写自荐信

以书信的方式、平等的语气，诚恳地向 HR 全面地介绍自己的情况，表达自己对求职岗位的理解与认知，表达自己对企业和岗位的高度认同，深切地表达自己对某特定岗位工作的愿望，形成一封充满感情、不乏优美文字、能够充分打动 HR 的自荐信。

（一）自荐信的定义

自荐信，又称为自荐函，是申请者主动推荐自己的一种书面沟通方式，是除简历之外，求职者向招聘方介绍自己的基本情况的一种文件。

自荐信可以看作一个内容丰富的自我介绍，可以在简历的基础上更有文学性，用更多的空间突出自身的优点、特色，更加强调自己的专业技能和职业潜力，更好地表达求职意愿与求职主动性，以便引起用人单位的注意，增强自己的竞争力。

（二）撰写推荐信的时机

在当下快节奏、信息爆炸的时代，很多 HR 并没有那么多的精力阅读大量文字性的求职材料，因此很多企业在招聘的过程中不要求求职者提交自荐信，此时仅需要投递简历即可。在以下这些情况下可以撰写提交自荐信。

1. 当求职者的某一特定方面和岗位要求不符时

当求职者的某一特定方面与岗位要求不符合，而这一方面又是单位比较看重的内容，比如存在跨专业跨行业但求职者又非常想要得到这份工作，并且自我评价可以很好地胜任该岗位的时候，可以撰写自荐信进行沟通。

通常 HR 看到简历条件与要求不符，或专业不对口、跨行业时会很快将简历忽略掉，求职者便无法进入面试阶段。这时候求职者可以在投递简历的同时附上一封真情实感的自荐信，表达自己对于这份工作的认知理解与饱含热情，结合自身现有情况与岗位要求，找到某些能够打动 HR 的契合点、闪光点，以及表达未来在该行业从业的决心和热切期待，便很有可能受到 HR 的注意。HR 受到自荐信的感染后，求职者的面试机会将会大大增加，求职成功的概率也会大幅提高。

2. 想突出个人特点并引起关注时

求职的一个重要捷径就是引起 HR 的注意且能让招聘方赏识自身的特长。自荐信因为内容更加聚焦且可以集中反映个人的优势所在，所以当求职者有某方面的特长且想让公司的 HR 认可时，采用自荐信则较为快捷。

比如，锤子科技创始人罗永浩在入驻新东方教育科技集团之前，曾直接给集团创始人俞敏洪写过一封自荐信，直接表述个人口齿伶俐，中文表达能力强，普通话标准，在这一方面还重点强调自己口齿"岂止伶俐，简直凌厉，普通话十分标准"这一突出优点与特长，引起了俞敏洪的关注，最终成功入职新东方。

3. 当心仪单位无招聘安排的时候

当公司对外招聘已经停止的时候，也就是说当正常投递简历面临的结局将是吃"闭门羹"时，可以将自荐信作为敲门砖，一封极富感染力的自荐信可能叩开应聘之门，为求职者赢来面试机会。

4. 想更充分地展示自身的主动与热情时

自荐信因为在内容上体现了更多对岗位的关注，因此，可以更充分地体现来自应聘方的真诚。

某普通大学毕业生小张，对某大型公司的文案策划类工作十分热爱，一直想加入这家公司，却因教育背景比较弱在简历这一关便被拒之门外。面对这一尴尬，小张想要获得这一份工作的愿望却没有减弱，并再次将自己悉心准备的自荐信附在简历上投递给了该企业的 HR。真情实感的自荐信中，小张除了表达他想要成为该公司文案策划团队一员的热情与决心，还在信中展示了自己过往文案工作的成果说明，自荐信本身也体现了他优秀的文案功底。该大型公司的 HR 在这样的自荐信打动之下，给了小张一次面试的机会，小张最终通过面试，进入这家公司工作。

（三）自荐信的组成部分

自荐信是一封承载着求职者对目标岗位的工作热情与强烈意愿的书信体文书，如果简历的特点是结构化，那么自荐信便多了一些个性化，更具有文学性，内容可以围绕求职者的自身特点有针对性地创作和撰写。通常情况下，一封常规的自荐信可以包含以下几个部分。

1. 称呼和打招呼

一般是"尊敬的 HR"或者"尊敬的 ×× 女士 / 先生"，并打一个招呼"您好"。

由于自荐信是书信体的文字，所以在文体上相对简单也更加口语化，有种对 HR 和目标人物诉说的感觉。

2. 自我介绍

整个自荐信本质上就是一份更为充分的自我介绍，这里可以先简单介绍一下自己的基本信息，总结概括个人特点与优势，介绍过往经历的情况以及当前的求职状态等内容，让阅读到这封自荐信的 HR 对求职者有一个整体印象。

3. 详细阐述自己与这份工作的匹配程度

这部分是自荐信最重要也是最能体现每一位求职者个人特色与优势的部分，若要说服 HR 相信自己能够胜任这项工作，就要向 HR 证明自己具备岗位要求的相关能力，这道"证明题"应该如何做呢？大学生可以从多个角度进行证明。首先，求职者可以先说明自己对这个岗位的理解，让 HR 感受到求职者是充分理解了岗位的工作内容与能力要求的，只有候选人对目标岗位有充分理解，才能够对自己与这份岗位的匹配程度有合理、正确的认知。其次，可以从自身过往经历中，挖掘与这份岗位所要求的能力相匹配的能力与技能，阐述在过往经历中，求职者是如何习得并提高这项能力的，或者过往经历是如何证明求职者在这方面具备优势的。同时，可以从个人兴趣爱好、热爱的方向、生活状态中找到能够证明自己具备这些能力的事实并进行强调。最后，一份持续良好的工作状态一定来自工作岗位与个人职业规划、未来理想的重合，求职者也可以通过说明未来自己的职业发展方向与这个岗位相当吻合，或者这正是自己最希望投身的行业等来强调自己与岗位的匹配程度。

例如，一个过往没有新媒体运营经验的求职者应该如何通过自荐信向 HR 证明自己有能力胜任新媒体运营岗位呢？

求职者可以先对新媒体运营这份职业谈谈自己的理解，拆解出它所需要的能力，比如需要员工的文案撰写、数据分析、市场洞察能力，需要具备排版和简单的图片设计技能，需要具备网络感强、心细、计划性强这些素养。那么求职者接下来就可以在自己过往的校园活动、课堂学习、兴趣爱好甚至生活方式中寻找自己与这些能力的契合点，比如求职者自己的自媒体账号运营得很不错，就可以说明自身对新媒体平台的熟悉与对运营方法的掌握程度高；求职者在课堂学习中练习过文案撰写、做过市场调研或者学习过图片设计，取得过较好的成果；求职者在校园活动中有过撰写新闻稿、文案等经历，获得过相关能力的提升；甚至求职者在生活中是一个对网络热点非常敏感并时刻关注互联网新闻的人……这些都可以作为挖掘的案例进行加工并写进自荐信中，从而有力证明自己能够很好地胜任新媒体运营的岗位。

4. 补充能够证明自己具备相关能力的网页 / 作品链接

生活在互联网时代背景下，求职者的各种信息和内容都可以通过网络存储并被远在另一边的 HR 看到，只通过文字描述不一定能够让 HR 完全信任你的能力，大学生可以将自己的各种成果上传到某互联网平台，在自荐信中附上相应的链接，让自荐信内容更有说服力。

5. 再次强化个人优势，表达恳切意愿并结尾

在自荐信的最后部分，大学生要对信件内容进行升华和总结，这部分需要求职者诚恳地表达出对这份工作的拳拳之心与满心期待，具有强烈意愿的候选人也是 HR 首先考虑的目标，因为强烈的意愿代表了求职者对企业的认同感与忠诚感，意味着求职者进入这家企业之后具有更强的稳定性与更大的自我成长与实现的愿望。表达自我对这份工作的诚恳意愿时，可以通过重申自我对岗位和企业的认同与喜爱、个人的职业发展目标，强调自己的热爱方向等内容来实现，也可以谈谈自己加入这家企业，从事这个岗位后的打算和计划。最后求职者可以表达对 HR 阅读这封自荐信的感谢进行结尾，给 HR 留下一个真诚和良好的印象。

（四）撰写自荐信的注意事项

1. 注意是否一定需要自荐信

并不是所有岗位都适合使用自荐信，有时，一封内容翔实、结构清晰的简历就已经符合这个岗位的招聘需求，所以在投递求职材料之前，可以选择有需要的岗位进行自荐信的准备和投递。

2. 内容体现"人职匹配"原则

自荐信虽然更加文学化和个性化，但依然是为了达到求职目的而撰写的材料，是为了让 HR 看到求职者适合这个岗位而存在，因此所写内容一定要注意与目标岗位要求的匹配度，不能天马行空，切忌自我感动。例如，很多求职者会在自荐信中写道对这份工作的热爱或兴趣，但如果仅仅停留在兴趣层面，不能将兴趣热爱产生的实际价值与企业岗位的要求相结合，也是不够的。

另外，"人职匹配"需要大学生的每一封求职信都针对相应的企业岗位进行定制撰写，撰写时要结合目标企业的企业文化、愿景，以及目标岗位的特定要求，不能千篇一律、批量生产，只有针对性强、定制化的自荐信才能真正打动 HR。

3. 条理清晰，结构直观

自荐信同样需要条理清晰，开门见山表达关键信息，而不是说废话、绕圈子。可以分为开头—自我介绍—匹配度陈述—表达意愿—结尾这样的几个板块展开，每个大的板块里面可以根据需要分为几个小点。同时，可以给每一个段落加上小标题，对每个关键点标亮加粗，便于 HR 一眼捕捉到想要表达的重点。

4. 使用恰当的表达方式

自荐信应当使用偏口语化的语言风格、不卑不亢的语气、精练朴实的文字风格和坦率诚恳的态度进行表达。自荐信是一封向 HR 表达对这份工作真切意愿的信件，为了增强情感交流和对话的感觉，应该使用偏口语化的表达，不能太过生硬或者半文半白。在语气上也应该有所注意，不能过于强势粗鲁，也不能过于弱势被动，尤其是不能以过于柔弱被动的语气撰写自荐信，这是很多初入职场的求职者需要注意的。求职者往往认为，请求企业给自己一个面试的机会的自荐信，态度应该放低一些，但实际上过于弱势或者不确定的语气，也会让 HR 怀疑求职者的能力。首先，求职是一个双向选择的过程，求职者应该把自荐信看作一次和 HR 有效沟通、有来有往交流的机会，双方在平等的位置上对话。其次，精练准确的语言便于 HR 快速理解求职者的意思，诚恳、朴实的语言好过华而不实的辞藻。

5. 其他值得注意的细节

此外，还有一些需要注意的细节。第一，信息的一致性，注意检查自荐信中的企业名称、目标岗位名称是否一致，与邮件标题是否一致等，这样的细节很容易忽略，又很影响 HR 对求职者的印象；第二，字数控制，字数不宜过多也不宜过少，800 字左右比较合适，尽量不要超过 1000 字，如果是在某个页面中呈现，不要超过一页；第三，开头结尾称呼，注意开头结尾的称呼选择适当，并保持前后一致。

（五）优秀自荐信案例

为了加深对自荐信的理解和掌握，在此列举一些优秀的自荐信，供大学生参考。

例一：

×××团队的各位小伙伴们：

你们好，我叫×××，我想要投递视频策划（文案）这个岗位。我有四年以上的互联网内容运营经验，目前人在上海，处于离职状态，随时可以进一步沟通。运营是一个非常综合的岗位，长期的运营经验让我具备了成熟的长图文写作、视频文案、排版、平面设计等多种能力，使我很擅长在工作中发现新的第三方工具。我相信这些技能会时不时带来惊喜，派上用场。

我任职过两家公司。

第一家是一家国际艺术公司，我的职位是新媒体运营。由于公司业务与艺术相关，我撰写了大量关于艺术作品与创作者分析的文章，积累了很多关于作品鉴赏的知识，综合能力得到了快速成长。

第二家公司是一家中型留学公司，我属于其中的一个初创团队。我先后负责了微信公众号、视频号、抖音和小红书多个平台不同形式的内容，陆续创作过短视频口播脚本、抖音短剧脚本、直播流程脚本、微信长图文等多种形式的内容。

关于 JD 中写到的 5 条要求，我自认为均符合要求，请允许我一一说明。

文笔好，纪实写作能力扎实。关于这一点，我有丰富的内容写作经验。对于"纪实文学写作"这个关键词，我将之理解为：我们运营的这个频道虽然是趣味性的，但不是无门槛的简单生活内容，在创作的过程中和后续的表达中会涉及逻辑层次和术语等，因此我们的"话风"更偏向纪实文学，需要撰写有深度内容的能力，而不是仅仅产出堆砌情绪的简单网络用语。

喜爱流行文化，关注热点与社会情绪。我两份工作都是长期运营面向 Z 世代的不同账号，自己也是"5G 冲浪选手"，非常喜欢新鲜事物，追热梗但并不滥用。追年轻人关注的热点、洞察年轻人的情绪既是我的工作需求，也是我的个人兴趣。

明白"视频文案"与"文章"的区别。我长期写作不同主题和形式的文案，因此我能够明确不同类型文案的区别，根据形式和对话人群，灵活切换叙述的语气，创作适应不同需要的内容表现形式。

我也想在工作经历之外，让贵公司更多了解一点我个人。这些是我在工作之外，关于自己的一部分学习、创作和思考。

我试运营了个人的影评小红书账号：××××××。因为善用关键词和有煽动性（非贬义）的语气，仅发布几篇文字内容，就收获了 3 篇数据不错的小爆款笔记（500 ~ 800 点赞）。

我在个人微信公众号发表的长文章：××××××。多数是影视评论，我认为对市面上一切内容产品的评价都遵循相似的原理。

希望贵公司关注一个文案经验丰富、热爱内容行业、具有综合能力、向往在游戏和数码领域深入发展、擅长接受新技能，并且有初创团队工作经验的我。附件是我的简历，请在百忙之中过目。

例二：

尊敬的领导：

我是一名国际经济与贸易专业的应届毕业生，很荣幸有机会向贵公司投递我的求职信。在这封信中，我将从学习经历、校园经历、专业能力、综合素质和公司认同五个方面，向您介绍我的情况和能力。

在学习经历方面，我主修国际经济与贸易专业，成绩优异，多次获得学校奖学金。在学习过程中，我不仅掌握了国际贸易的理论知识和实务操作，还通过课程学习和参加学术讲座，拓宽了自己的视野和知识面。同时，我还积极参与了校内外的实践项目，锻炼了自己的实际操作能力。

在校园经历方面，我曾在学校国际贸易协会担任会长，组织过多次贸易洽谈会和行业调研活动。通过这些经历，我不仅提升了自己的组织协调能力，也增强了自己的沟通和表达能力。我还积极参加各种学术比赛和实践活动，如参加模拟广交会等，培养了自己的实践能力和创新意识。

在专业能力方面，我具有扎实的国际经济与贸易理论基础和实践能力。我熟悉国际贸易政策和国际贸易惯例，具备进出口业务、外贸函电、单证制作等实际操作技能。此外，我还具备一定的数据分析能力和市场调研能力，能够运用各种工具和方法对国际市场进行深入分析。我相信，这些能力将使我能够胜任贵公司国际经济与贸易的相关职位。

在综合素质方面，我具备较强的个人品质和职业道德。我乐观开朗、积极向上，具有很强的团队合作精神。在工作中，我能够快速适应新环境和新任务，勇于迎接挑战和解决问题。当然，我也清楚自己的不足之处，例如在经验方面还需要不断积累和实践，我会不断学习和进步。

在公司认同方面，我非常认同贵公司的企业文化和发展理念。我相信，在这个充满活力和创新精神的团队中，我能够为公司的发展做出自己的贡献。在过去的学习和实践中，我始终注重团队之间的合作和沟通，注重诚信和创新，这些品质使我能够与同事们紧密合作，共同推动公司的发展。

总之，我深信自己的学习经历、校园经历、专业能力、综合素质以及对公司的认同，将使我成为贵公司国际经济与贸易职位的理想人选。我期待有机会加入贵公司这个大家庭，与团队一起努力，共创辉煌的未来。感谢您抽出宝贵的时间阅读我的求职信，期待有机会与您面谈！

敬礼！

（六）自荐信投递

自荐信通常与简历一起发送至目标企业 HR 的邮箱中，简历可放在附件中，自荐信可直接以文本的形式放在邮件正文，当 HR 打开邮件时便能够一目了然。

三、其他求职材料准备

（一）其他求职材料

在大学生找工作的过程中，不仅需要求职简历和自荐信，通常还需要准备好的其他求职材料，这些求职材料包括但不限于以下这些。

①个人简历。

②自荐信。

③官方证明材料，包括成绩单、毕业生推荐表。

④专业学习成果证明材料，包括作品（如园林规划设计图、服装设计作品、编写的程序等）、专业实践经历证明、科研论文等。

⑤职业相关技能的证明材料，包括计算机、英语等级证书，职业资格证书。

⑥综合素质的展示材料，包括各类奖励证书，参与校内外各级各类活动或者比赛的照片，组织的活动的报道等。

前面已经对个人简历与自荐信有了深入了解，接下来认识一下其他几种材料。

1. 官方证明材料

这类材料包括成绩单、毕业生推荐表。这类材料来自学校官方，可以从学校教务处或官方网站下载，需要获得学校的审核盖章方可证明有效。求职者可以保留原件，并对其复印备份。这是来自学校对求职者学习成绩、综合表现的评价，企业有时会要求求职者提供。

2. 专业学习成果证明材料

这类材料包括作品（如园林规划设计图、服装设计作品、编写的程序等）、专业实践经历证明、科研论文等，需要求职者进行整理。求职者通常会在个人简历和自荐信中提到过往经历、过往项目成果，如果这时能够提供该经历的真实成果作品进行展示，将大大提高简历的说服力。同时，HR 也可以基于求职者提供的作品、科研论文等成果对求职者的真实水平进行分析，可以更好地判断出求职者是否能够胜任这份工作。在面试的过程中，很多岗位都会要求求职者带上作品集，HR 会围绕作品提出有针对性的问题，了解求职者对业务的熟悉程度和能力的掌握程度。

因此，求职者有必要积累自己可以直观展示的作品，尤其是创意策划、设计等专业的求职者，可以将作品集结起来，装订成册。这既是对过往经历的复盘，又是为求职做准备。

3. 职业相关技能的证明材料

这类材料包括计算机、英语等级证书，职业资格证书。这类证书通常是经过国家专业机构认证的证明材料，有这些证书的求职者，也需要提前在平台上下载或领取。也可以保留原件，并复印备份，以备求职过程中的需要。

4. 综合素质的展示材料

这类材料包括各类奖励证书，参与校内外活动或者比赛的照片，组织的活动的报道等。这类材料是求职者在日常学习和工作中积累下来的各种官方或非官方的证明，需要求职者在参与过程中有意识地进行收集与整理，作为自身能力的证明。最好是在活动一结束就获取相关的证书、证明，以免过后平台失效，难以获取。

（二）其他求职材料准备注意事项

针对其他求职材料的整理、制作，为了做到尽善尽美，还需要注意以下事项。

（1）罗列出所需要的其他材料清单，并对照清单进行准备，以免遗漏。

（2）需要针对每家企业准备纸质版材料复印件。纸质材料最好使用彩色打印，更加精美，并装在一个档案袋里，方便收纳。

（3）将所有求职材料进行扫描，保存一个完整的电子求职档案。电子求职档案可以方便网络传输或在电脑、手机中向 HR 进行展示。向 HR 发送电子材料时，可以将除了简历与自荐信以外所有的扫描件都整合到一个 PDF 文档中，这样 HR 只需要打开一次便能够对所有材料一目了然。

（4）重视职业相关技能的证明材料在学习和实习过程中的积累。这部分重要材料可以直接向 HR 证明求职者的能力，它是直观展现求职者学习成果的内容，是最有力的"求职武器"。许多艺术设计、市场营销、广告创意等专业的求职者都将自身作品集按照主题进行策划，制作成更为精美、更能代表个性的求职材料。如果求职者对自己的作品集制作无从下手，或者因为没有实习经历感到没有作品可以呈现，不妨抓住课堂上的机会，将小组作业、课堂练习、期末作业的成果转化为作品集中的内容。

第四节　大学生毕业程序

大学生毕业是其学业生涯的重要节点，标志着一段学习旅程的结束和新征程的开启。毕业程序涉及多个环节和步骤，需要大学生有条不紊地完成，确保顺利获得毕业证书和学位证书，为未来的发展奠定基础。以下将详细阐述大学生毕业程序的各个方面。

一、毕业资格审核

毕业资格审核是毕业程序的首要环节，学校会对大学生的各项学业指标进行全面审查。这包括对大学生课程学分完成情况的核对，要求大学生必须修满专业培养方案规定的各类课程学分，涵盖通识教育课程、专业基础课程、专业核心课程以及实践教学环节等。例如，工科专业学生需完成一定数量的数学、物理等基础课程学分，以及如机械制图、电路原理等专业课程学分，同时还需满足实习、课程设计等实践环节的学分要求。

此外，对大学生的成绩也有相应要求。学生的平均绩点需达到学校规定的最低要求，证明其具备相应的学习能力和知识掌握程度。对于存在挂科情况的大学生，学校通常会提供补考、重修的机会，只有在补考或重修通过后，才能满足毕业要求。除了课程学习，学校还会审查学生的德育表现，如是否遵守学校的规章制度，有无严重违纪行为等。只有学分、成绩和德育等各方面都符合要求，大学生才能通过毕业资格审核，进入后续毕业流程。

二、论文撰写与答辩

对于大学生而言，撰写毕业论文是必不可少的环节。大学生需要根据所学专业，结合自身兴趣和导师建议，确定论文选题。选题应具有一定的学术价值和现实意义，例如在经济学专业中，可选取"数字经济对传统产业转型的影响及对策研究"等具有时代特色的题目。

论文撰写过程需遵循严格的学术规范，包括论文结构的合理性，一般应包含绪论、正文、结论等部分。在正文中，大学生要通过充分的调研、数据分析等方式，对研究问题进行深入探讨。同时，在引用他人观点和数据时，必须注明出处，避免学术不端行为。完成论文初稿后，要多次修改完善，并提交导师审阅，根据导师意见进行反复修改。

论文答辩是对学生研究成果和学术能力的重要检验。大学生需在规定时间内，向答辩委员会陈述论文的研究背景、目的、方法、主要内容及研究成果等。答辩委员会成员针对论文内容提出问题，大学生需进行准确、清晰地回答。只有通过论文答辩，大学生才能顺利毕业。

三、就业手续办理

就业是大多数大学生面临的重要问题，在毕业前需要办理一系列就业手续。对于已落实就业单位的大学生，要签订就业协议。就业协议是大学生、用人单位和学校三方之间就就业意向达成的书面约定，明确了三方的权利和义务。大学生应仔细阅读协议条款，确保自身权益得到保障。

（一）签约与解约

（1）可以正常毕业的大学生通过双向选择等多种就业方式确定具体的接收单位。

（2）单位同意接收后，询问单位是否有人事权，即是否能解决户口和档案问题。

（3）单位和个人签订就业协议书，并由用人单位人事部门和上级主管部门盖章（如果单位无人事权，须由有人事权的上级单位或人才服务中心盖章）。如果单位要求校方先盖章，则单位应该先出具同意接收该毕业生的接收函（或证明函）。

（4）学校审核大学生的毕业资格，在三方协议上签字盖章。经学校就业办公室审核、盖章后，协议生效。单位、大学生和就业办公室各存一份协议书。

（5）大学生与用人单位签约时要注意合约的合法性，如劳动者在试用期的工资不得低于本单位相同岗位最低档工资的80%或者不得低于劳动合同约定工资的80%，并不得低于用人单位所在地的最低工资标准。

（6）劳动者向单位提出解除劳动合同时，如果是试用期内员工，可提前3天通知单位要求离职，员工不用支付违约金；如果是已转正的员工，则应当提前30日以书面形式通知用人单位，做好工作交接。两种情况均无须征求用人单位的同意。

（二）户口迁移证

在校期间，户口一般以集体户口的形式存放在派出所。在毕业离校时会给大学生（将户口迁到学校的大学生）一张户口迁移证，这是到单位所在地派出所入户的必要凭证。

（三）档案关系转递

档案一般是放在单位保管，如果单位没有存档资格的话一般放在当地的人才（人事）服务中心。这和自己把档案放在人才（人事）服务中心不是一个意义。它们之间是组织对组织的关系。如果没有单位同意，大学生无权拿走自己的档案，这其实和档案在单位性质是一样的。

档案有什么作用？这个问题是很多大学生不明白的。档案代表着学生的过去。中国现在实行档案制度。当大学生去外地学习或工作时，档案都会跟着走。档案和户口一样，十分重要，没有档案很多事会很难办，甚至无法办。在很多需要办理正式手续的场合，如出国、升学、结婚、生育等，都无法离开档案。

（四）党团组织关系

党团组织关系是毕业生政治身份的标志和象征，切不可小看它。当大学生去外地学习、工作或者做其他事时，党团组织关系都应该跟着转移，因为党团都有严格的组织纪律，超过规定时间没有缴纳党、团费或没有参加党团组织活动，都会受到党、团组织的严厉处分。毕业生在毕业离校时要及时办理党团组织关系的转移手续。

四、毕业信息核对与证书领取

在临近毕业时，学校会组织大学生进行毕业信息核对。这包括个人基本信息，如姓名、性别、身份证号，以及学历信息，如专业名称、学制等。确保这些信息准确无误，对于毕业证书和学位证书的发放至关重要。大学生需认真核对，如有错误要及时向学校相关部门提出更正申请。

　　当所有毕业环节都顺利完成后，大学生将迎来证书领取的时刻。毕业证书是大学生完成学业的证明，学位证书则代表着大学生在相应学科领域达到的学术水平。学校会举行庄重的毕业典礼，为大学生颁发证书，这不仅是对大学生多年努力学习的肯定，也是对他们未来人生的美好祝福。

　　总之，大学生毕业程序涵盖了多个重要环节，从毕业资格审核到论文撰写答辩，从就业手续办理到毕业信息核对与证书领取，每一步都需要大学生认真对待、积极完成。只有顺利通过这些环节，才能圆满完成大学学业，迈向人生新的征程。

第六章 权益保障与风险应对

权益保障与风险应对

第一节 大学生就业权益保障

大学生在就业过程中，不应操之过急，也不应在竞争压力下为找到工作而放弃个人权益。高校在就业教育中，应加强对劳动保障和就业方面的法律教育，提高大学生的法律意识，让大学生懂得在求职就业过程中保护个人权益。

一、毕业生就业权益

（一）大学生择业过程中享有的就业权益

大学生就业权益多元化，依据当前政策法规，其在求职阶段所享有的权益与用人单位向毕业生赋予的核心权益主要体现在以下几个层面。

1. 获取信息权

就业信息是大学生选择职业的前提，也是最重要的一环。研究生信息权的行使应当包含三个方面的内容。

（1）高校和社会应在创造大学生就业环境时，注重信息的公开性。高校在对大学生进行管理时，应建立大学生就业信息系统，在系统中用人单位应结合招聘情况填报信息。用人单位应通过信息公开的方法公布招聘情况。

（2）要及时了解情况。即大学生所获得的信息要及时、有效，用人单位不能把过时的或无用的信息传给学生。

（3）要确保资料的全面性。大学生有权获得准确而全面的就业资料，这样才能充分认识雇主，以便作出适合自己的选择。

2. 接受就业指导权

大学生应当积极行使并充分利用这一权利，通过校园内的就业指导中心以及公共就业服务系统，及时获取有效的就业指导，以便早日觅得理想的就业岗位。

大学生享有接受学校就业指导的权利，为此，各高校应设立专业的就业指导部门，指派专职人员为大学生提供全方位的就业指导服务。这些服务内容涵盖宣讲国家针对大学生就业的各项方针与政策；解析大学生就业工作相关的规定及流程；提升大学生的就业技能素养；引导大学生在深入了解国家和社会需求的基础上，结合自身实际，明智地选择与之相适应的职业道路。

3. 被推荐权

高校肩负着引荐大学生至用人单位这一具有关键性的就业任务，而实际经验揭示，学校的推荐行为在很大程度上左右了用人单位对大学生的选拔决策。

（1）坚守诚信推荐的原则至关重要。高校在向用人单位推介大学生时，务必秉承实事求是的原则，杜绝任何刻意贬低或过分美化的倾向，真实反映大学生在校期间的表现情况。

（2）坚持公正推荐的原则同样不可或缺。在推荐大学生的过程中，高校应秉持公正、透明的原则，做到一视同仁、不偏不倚，确保每一位大学生都能在公平的竞争环境中得到展现自我价值的机会。

（3）优生推荐。学校根据大学生在校表现，选择推荐优秀的大学生，激励大学生在校努力全面提高各项能力，提高就业竞争力。

4. 公平录用权

用人单位应当秉持对所有大学生公平公正的原则，确保一视同仁。然而，当前形势下，大学生平等的录取权利正遭受严峻挑战，这一问题令广大毕业生深感忧虑，对其他在校生也产生了负面影响。由于相关政策与配套措施的滞后性，一个真正开放且公平的就业市场尚未全面构建完成。在招聘大学生的过程中，用人单位仍存在诸如性别歧视、人脉关系优先、地域优势等不公正现象。因此，保障公平聘用权，成为高校大学生亟待解决的关键权益诉求。

5. 违约求偿权

在大学生与用人单位、学校共同签署就业协议后，任何一方均不得擅自解除劳动合同。若用人单位无合理缘由提出解约，大学生有权要求对方坚守合同约定，严格执行劳动合同内容。如若违约，用人单位须承担相应法律责任，支付违约赔偿金，并面临大学生的合法索赔。当前大学生就业市场中，由于多种因素交织，大学生签订多份劳动合同的现象屡见不鲜。

6. 职业选择权

大学生享有自主择业的权利，涵盖决定是否投身职业劳动、选择何种职业领域、确定入职时间以及在哪家用人单位实现职业价值等多个方面。

7. 择业知情权

大学生依法有权获知用人单位的基本信息，包括其主体资质、岗位设置、工作条件、环境待遇及薪酬福利等详细情况。然而，在实际招聘过程中，部分用人单位为规避潜在的职业风险，往往会对自身资本实力、企业规模和员工福利等方面进行不实夸大，这种行为无疑侵犯了大学生的知情权。近年来，我国职业病呈现年轻化发展趋势，这一现象有力地揭示了在职业生涯早期阶段，劳动者权益遭受侵害问题的严重性。

8. 享受国家规定的与就业有关的其他权利

大学生在择业过程中，除享有以上就业权益外，还享有国家规定的与就业有关的其他权利。

（二）毕业生实现就业后享有的就业权益

1. 签订正式劳动合同的权利

劳动者应该学会依法维护自己的合法权益。用人单位聘用劳动者后不签订劳动合同是违反法律的。用人单位故意拖延不签订劳动合同，对劳动者造成损害的，应当赔偿劳动者损失。

2. 劳动报酬权

现实中，部分用人单位瞄准试用期尾声，以种种借口辞退大学生，达到压缩工资支出的目的，这种行为本质上是对劳动者薪酬权益的侵害。

3. 休息休假权

许多用人单位在培养新人的过程中，容易忽视新人的休息权利，使新人过多地加班，并且新人在放假时也需要参加工作。大学生在就业过程中，应重视对个人权益的保护，自觉抵制用人单位对休息休假权的侵犯。

4. 社会保障权

一旦用人单位与劳动者确立了劳动关系，就必须依法按社会保险规定比例，为劳动者缴纳包括医疗保险、失业保险、生育保险、养老保险、工伤保险及住房公积金在内的各项社保费用。然而，在现实中，许多企业并未为大学生提供应有的社会保险保障，更有甚者，通过签订"劳务合同"的方式规避社保责任。对于大学生而言，缺乏社会保险制度的保障，无疑将影响其长远发展与未来前景。

5. 拒绝收费权

现实中，部分用人单位在招聘大学生时，会提出诸如报名阶段需缴纳报名费，考核阶段涉及笔试、面试环节则需支付监考费、面试费乃至证件审核费等额外费用。甚至在签订就业协议环节，也有单位要求大学生提供保证金或抵押金。对此类不合理收费，大学生有权依据法律予以拒绝，维护自身权益。

6. 解除劳动合同的权利

在试用期间，劳动者可以随时通知用人单位解除劳动合同，不需要任何附加条件。用人单位不得要求劳动者支付技能培训费用，而应按劳动者的实际工作天数支付工资。

二、大学生就业权益保护

保障大学生的就业权益是我国当前亟待解决的一个重大问题，大学生要了解实现自我保护的法律保障和相关途径，牢固树立维权意识，运用法律手段维护自身权益。

（一）大学生就业主管部门的保护

各省级大学生就业管理部门均制定了严谨的规定以保障大学生权益，并坚决抵制及妥善处理任何侵害大学生权益的行为。

（二）高校的保护

学校在保障大学生权益方面扮演着直接且关键的角色，通过对大学生就业指导及就业推荐活动实施严格规范，有力地捍卫了大学生公平就业的权利。面对用人单位在录用过程中可能出现的任何不公行为，学校有权并积极介入抵制，确保大学生权益不受侵害。同时，用人单位在与大学生签订就业协议时，必须遵循相关法律法规的规定，否则学校有权认定该协议无效。未经学校审核批准的雇佣合同不具备法律效力，因此无法作为制订招聘计划的合法依据。

（三）大学生的自我保护

高校大学生权益保障的核心要素之一，在于提升大学生自身的防护意识与能力，自我保护主要体现在以下几个方面。

（1）大学生需深入理解并紧跟国家关于毕业生就业的各项方针政策与法律法规，明确自身在求职过程中的法定权利与义务，这是构筑权益保护坚实基础的关键所在。

（2）大学生应积极践行就业伦理规范，主动接受制约，确保自身就业行为严格遵循相关规定，坚决避免任何可能损害其他大学生正当权益的行为发生。

（3）在应聘及签订就业协议的过程中，大学生务必坚守自我权益防线，审慎对待每一个环节，做到既尊重规则又不失自我保护。

（4）面对就业权益遭受侵犯的情况，大学生须学会运用法律手段捍卫自身利益。当遭遇侵权行为时，应及时向相关部门（如上级主管机关和所在院校）反映，并寻求其权威处理意见；同时，也可选择向当地劳动争议仲裁委员会申请调解仲裁，甚至诉诸人民法院，通过法律途径解决纠纷，切实保障自身合法权益不受侵犯。

第二节 大学生就业风险分析

大学生就业风险是指在大学生求职和就业过程中，由于各种不确定因素，导致大学生不能顺利就业或就业质量达不到预期目标及其可能造成的损失。

一、大学生就业风险的来源

大学生就业过程涉及个体、家庭、学校、社会等多个方面，而其就业风险是多种因素综合作用的产物，既有外部因素，又有内部因素；既有宏观因素，也有中观或微观因素，这些风险因素之间交互影响、相互作用。

（一）微观层面风险：大学生个体因素

从微观层面而言，大学生自身的就业心态、就业准备、人力资本存量状况等是其就业风险的个体因素。

一是在就业心态上，当前大学生在就业过程中普遍存在着就业观念陈旧滞后、就业期望偏高等问题，这主要是由心理认知不准确所导致的。有的大学生在就业中同时具有自卑与自负的双重心态。一方面，比如有的学生由于语言习惯和民族文化等差异，具有较强的弱者意识，容易自卑焦虑、缺乏自信，在就业中思想相对保守，缺乏挑战新环境的信心而不愿意到其他城市寻求新的就业机会。这种自卑心态导致他们在就业竞争中处于明显弱势地位。另一方面，一些大学生不能全面理解就业问题，认为作为大学生的"天之骄子"应当从事与自己身份匹配的职业，这种自负心理导致他们将就业与择业重点聚焦行政事业单位或国有企业等社会认可度较高的职业，同时倾向于大城市和高薪酬的职业，希望寻找终身安稳的"铁饭碗"，而最终可能造成失业。

二是在就业准备上，大学生在就业思想与行动上都存在准备不足的情况。在思想上，有些大学生来自思想观念相对封闭的贫困地区，涉世未深与封闭的成长环境导致其就业风险意识较为淡薄，在就业过程中缺乏警惕性与敏感性，风险防范与维权意识较差，往往由于求职心切容易上当受骗，最终造成就业中的各种财产或身体损失。而在行动上，有些大学生从入学选择就读专业到毕业就业都比较依赖父母或亲人的意见，往往缺乏明确的职业目标与职业规划，在读期间并未将所学专业与兴趣爱好恰当融合，通常临近毕业时才感受到就业危机，同时缺乏对各项民族政策、就业政策与就业信息的充分了解，信息来源与获取量都相对较少，这些都可能导致大学生毕业之后面临失业或职业不匹配等各种就业风险。

三是在人力资本存量上，不同地区、不同院校之间在师资力量、教学设施、科研资源等方面存在较大差距。一些偏远地区或非重点院校的学生，难以接触到前沿的学术成果、先进的教学设备以及高水平的师资指导。优质教育资源的相对匮乏，使得这些学生在知识获取、学术视野开阔和实践机会等方面处于劣势，影响了他们在专业领域的深入学习与探索，进而限制了人力资本积累的水平和层次。

（二）中观层面风险：家庭与学校因素

从中观层面而言，家庭与学校两方面的因素是大学生就业风险的外部中观因素。家庭与学校是大学生的直接关联方，尽管家庭与学校因素是个体就业风险的外部来源，但它们与大学生个体的发展与就业却具有紧密的直接联系。

1. 家庭因素

家庭是大学生生活与成长的原始环境，对大学生个体特性、思想观念或人力资本等的形成与积累都具有重要影响。大学生就业风险来源的家庭因素主要包括家庭经济资本、文化资本与社会资本三个方面。

一是家庭经济资本。家庭经济资本对大学生教育投入、就业观念、就业压力等都有重要影响。家庭经济资本丰富的大学生可以花费更多的资金和时间投资于身体与教育，既可以培养良好的身体素质，又可以获得更多理论学习与社会实践机会，促进综合素质的提升和人力资本的积累。同时，在就业过程中，家庭富裕的大学生承担失业成本的能力更强，就业压力相对更小，且更能够在择业时考虑到兴趣爱好，而不仅仅关注职业收入。

二是家庭文化资本。家庭中父母的学历水平与职业、教育理念与教育方式、家庭文化氛围、家庭教育与就业期望等传统家庭文化资本因素，对大学生就业观念与职业道路的选择都发挥着重要的作用，而有的家庭文化背景、思维观念、风俗习惯与宗教信仰等环境对大学生的个性特征、生活习惯与就业心理等也具有长期的影响。

三是家庭社会资本。非均衡的家庭社会资本让不同家庭的大学生在社会资本存量上形成了先天差异，从而使不同大学生拥有不同的就业机会，面临不同的就业风险。社会资本优势家庭的大学生主动利用社会资本能够获取更充足可靠的就业信息，抢占更多的就业资源，增加有效的就业机会，规避各种就业风险，而这却会抢占社会资本劣势家庭大学生的就业机会，成为潜在的就业危机与风险。家庭经济资本、文化资本与社会资本通过不同方式对大学生的社会价值观、就业心态、就业准备、人力资本等产生重要影响，最终影响其就业风险。

2. 学校因素

学校是除家庭以外对个体成长具有影响的另一个重要因素。对大学生成长产生影响的学校因素包括从小学到大学的每个阶段，然而对大学生就业具有直接影响的主要是大学。大学兼具大学生的培养者与就业中间人的双重身份，其文化资本的差异化是大学生就业风险来源的重要因素。当前就业市场的矛盾兼有总量与结构两方面的矛盾，但大学生的需求与供求总量的矛盾并非主要矛盾，结构性矛盾才是导致大学生就业问题的主要矛盾。大学在品牌声誉、办学水平、学风校风、校园文化环境、文化氛围、文化资源、师资水平、专业设置与课程设置、管理体制与规章制度、就业创业指导等方面的差异化造成了大学生人力资本存量的差异化，也导致了大学生就业风险的差异化。具有文化资本优势的大学应当拥有优秀的品牌实力与社会声誉、优良的学风校风、良好的校园文化环境与氛围、雄厚的师资力量、新颖的教学方法、适应市场需求的专业设置与课程设置、合理有效的管理体制与规章制度、完善的就业指导机制以及宽松多元化的民族文化氛围、各种特色的文化资源与文化活动、具有针对性的规章制度和就业指导。这样的大学才能满足对大学生的人才培养需求，促进大学生人力资本的积累与就业风险的控制。尤其是民族地区高校与民族院校文化资本直接影响了大部分大学生的人力资本与就业风险。

（三）宏观层面风险：环境因素

从宏观层面而言，经济、市场、文化等环境因素是大学生就业风险的外部宏观因素。

1. 经济环境因素

经济发展状况对大学生劳动力市场需求具有重要影响。经济全球化促进了我国宏观经济的快速发展，不仅改善了学习与生活条件，提升了就业能力，也增加了就业岗位。然而，在市场经济条件下，工业化与全球化推进的同时，信息化也在不断发展。一方面，产业结构的调整与技术的进步对我国就业市场提出了新的知识与能力素质要求；另一方面，区域经济的非平衡发展与产业结构调整的不确定性造成了就业市场的供求不平衡与区域差异化，经济全球化与经济体制转型的双重作用所导致的结构性失业问题日益显性化。

2. 市场环境因素

作为社会劳动力市场的重要组成部分，大学生就业市场的规范化能够有效促进就业双方进行双向选择，引导大学生自主择业或创业，优化人才资源的合理配置，从而实现公开、公平和公正的就业竞争。由于劳动力市场的区隔化和人工智能的广泛应用，当前大学生就业市场供求的结构化矛盾较为突出。在市场供求数量上，尽管我国经济的高速增长创造了越来越多的就业机会，但产业结构调整与技术进步使得人工智能化大范围推进，市场对一般劳动力的需求大大减少。然而，高等教育的大众化使大学生数量逐年增长，高等教育供给数量的增长已超过了对一般人才需求的增长速度，许多大学生受传统文化思想和创业环境的影响，自主创业积极性不高，这些在一定程度上引发了人力资本薄弱的大学生的失业现象。在市场供求结构上，由于我国区域经济发展不均衡，劳动力市场分割明显，发达地区、大中城市与落后地区、农村乡镇劳动力市场以及不同行业职业差异化较大。这种劳动力市场地域与职业的分隔化导致劳动力自由流动不通畅，大学生在发达地区、优势单位的供给量相对过剩，而在西部地区、乡镇农村、中小企业的供应却严重不足，造成自愿性失业或职业不匹配等问题。

3. 文化环境因素

社会价值观、文化习惯、心理与舆论等文化环境对大学生的就业择业观和用人单位的用人观具有重要影响，形成了各种就业风险。一方面，社会价值观体现了社会对某些事物的评价以及由此而来的行为取向。一定时期内，一些占主流地位的普遍的就业价值观决定了大学生的就业意向和职业选择。例如，某一时期内，社会对不同行业不同职业地位形成了差异化的评价，尽管职业在客观上没有高低贵贱之分，但在社会心理与舆论环境的影响下，大学生就业观念也会趋近于社会主流的价值追求。然而，随着社会主流价值观的不断变化，就业观念与选择也会发生变化。而文化习惯相似性也是大学生就业选择的重要因素，尤其是少数民族大学生，会优先选择与自身文化习惯与饮食习惯比较相近的职业环境。另一方面，用人单位同样会依据社会主流价值观的用人标准在社会心理与舆论引导下来识别与选择聘用人员。例如，社会观念中依然存在着应届大学生经验不足、心理素质不高以及综合素质低等偏见，在这种狭隘心理与舆论影响下，有些用人单位对应届大学生的聘用存在明显的歧视与偏见。而风俗习惯与文化习惯的差异也让一些用人单位对录用大学生存有顾虑。

二、大学生就业风险的特征

大学生就业风险呈现出以下五个显著特征。

（一）多样性

大学生就业风险的多样性体现在多个维度。从风险来源看，既包括宏观经济环境变化带来的系统性风险，如经济衰退时期企业招聘需求大幅减少；也有来自高校教育与市场需求脱节造成的教育供给风险，例如专业设置不合理，课程内容陈旧，无法使学生具备符合市场要求的技能和知识。同时，企业的经营状况和招聘策略也会给大学生就业带来风险，一些企业因经营不善突然取消招聘计划，或者在招聘过程中设置不合理的门槛和条件。此外，大学生自身的综合素质、求职心态和职业规划等方面的不足，也构成了就业风险的一部分，如部分学生缺乏实践能力、沟通能力薄弱，或者求职时过度追求高薪、稳定等，错过合适的就业机会。

从风险类型看，涵盖了岗位竞争风险、信息不对称风险、就业歧视风险等。岗位竞争风险表现为随着高校招生规模的不断扩大，毕业生数量逐年增加，就业市场供大于求，导致岗位竞争异常激烈。信息不对称风险是指大学生在求职过程中，由于对企业的真实情况、岗位要求等信息了解不全面，可能会做出错误的职业选择；而企业也可能因为对大学生的实际能力和综合素质缺乏准确判断，而错过优秀人才。就业歧视风险则包括性别歧视、地域歧视、学历歧视等多种形式，这些不合理的歧视现象严重阻碍了大学生公平就业。

（二）复杂性

大学生就业风险的复杂性体现在各种风险因素相互交织、相互影响。宏观经济形势、政策法规、社会文化等外部因素与大学生个人的专业背景、能力素质、家庭背景等内部因素相互作用，使就业风险的形成机制和影响后果变得错综复杂。

例如，经济结构调整可能导致某些行业就业需求下降，而新兴行业对人才的需求又提出了新的要求。在这种情况下，高校如果未能及时根据市场变化调整专业设置和教学内容，就会使相关专业的大学生面临更大的就业风险。同时，家庭背景也可能影响大学生的就业选择和机会。家庭经济条件较好的学生可能有更多资源用于提升自身竞争力，如参加各种培训、实习和海外交流项目；而家庭经济条件较差的学生可能在经济上无法支持这些活动，从而在就业竞争中处于相对劣势。此外，社会文化观念也会对大学生就业产生影响，一些传统观念认为某些职业更具稳定性、社会地位更高，导致大量学生扎堆报考，进一步加剧了这些岗位的竞争风险。

（三）不确定性

大学生就业风险的不确定性主要表现在风险发生的时间、地点和程度难以准确预测。就业市场受到多种因素的影响，如国内外经济形势的变化、突发的公共事件等，这些因素的不可预测性使大学生就业风险的发生具有很高的随机性。

例如，一场全球性的金融危机可能在短时间内对整个就业市场造成巨大冲击，企业纷纷裁员、减少招聘计划，使原本就业前景较好的大学生也面临就业困难。再如，一些新兴行业的兴起和发展往往具有不确定性，前期看似有广阔发展前景的行业，可能由于技术突破、市场需求变化等，在几年内迅速衰落，导致相关专业的大学生就业陷入困境。此外，大学生在求职过程中，也可能因为一些偶然因素而错过就业机会，如面试时遇到突发状况影响表现，或者企业招聘计划临时变动等。

（四）易变性

大学生就业风险具有易变性，随着时间的推移和外部环境的变化，风险的类型、程度和影响范围都可能发生改变。一方面，科技的快速发展和产业结构的不断升级，使就业市场对人才的需求在不断变化。一些传统行业逐渐萎缩，而新兴的人工智能、大数据、新能源等领域对专业人才的需求日益增长。如果大学生不能及时了解市场动态，调整自己的学习方向和职业规划，就可能面临就业风险从传统行业向新兴行业转移的情况。

另一方面，政策法规的调整也会对大学生就业风险产生影响。政府出台的就业扶持政策、人才引进政策等，可能会为大学生创造更多的就业机会；而劳动法律法规的变化，如对企业用工规范的加强，可能会促使企业调整招聘策略，这对大学生就业风险的形成和发展也会产生相应的影响。此外，社会舆论和文化氛围的变化也可能改变大学生的就业观念和求职行为，进而影响就业风险的表现形式。

（五）传导性

大学生就业风险具有传导性，一个环节的风险可能会引发其他环节的连锁反应，进而扩大和提高风险的影响范围和程度。例如，企业经营困难导致招聘需求减少，这会直接增加大学生的岗位竞争风险。为了提高竞争力，大学生可能会选择参加各种培训和考证，增加了个人的经济负担和心理压力。如果大量大学生因就业困难而选择继续深造，又会导致研究生招生竞争加剧，甚至可能影响研究生毕业后的就业情况。

同时，大学生就业风险还可能传导到家庭和社会层面。从家庭层面看，就业困难可能使家庭经济负担加重，影响家庭的生活质量和和谐稳定。从社会层面看，大量大学生失业会造成人力资源的浪费，增加社会不稳定因素，影响经济的可持续发展。因此，大学生就业风险不仅仅是个人问题，更是一个涉及家庭、高校和社会的系统性问题，需要各方共同努力来应对。

三、大学生就业面临的主要风险

在当今复杂多变的社会经济环境下，大学生就业面临着诸多风险，这些风险不仅影响着大学生个人的职业发展，也关乎着社会的稳定与进步。深入剖析这些风险，对于制订有效的应对策略、保障大学生顺利就业具有重要意义。

（一）经济环境风险

全球经济的不确定性对大学生就业产生了深远影响。经济衰退时期，企业面临经营困境，往往会减少招聘计划，甚至进行大规模裁员。大学生作为劳动力市场的新生力量首当其冲。例如，在 2008 年国际金融危机爆发后，众多行业陷入低迷，金融、房地产等领域招聘需求大幅缩水，大量应届毕业生面临"毕业即失业"的困境。

产业结构调整也带来了就业风险。随着科技的飞速发展，传统产业逐渐衰落，新兴产业崛起。如果大学生所学专业与产业结构调整方向不匹配，就可能面临就业困难。以煤炭、钢铁等传统行业为例，随着环保政策的加强和产业升级的推进，这些行业对人才的需求锐减，而人工智能、大数据等新兴领域对相关专业人才的需求则日益增长。

（二）就业市场风险

劳动力市场供大于求的矛盾依然突出。近年来，我国高等教育持续扩招，大学毕业生数量逐年增加，就业竞争越发激烈。据统计，每年高校毕业生人数都在数百万以上，而优质就业岗位相对有限，导致大学生在求职过程中面临巨大压力。

就业信息不对称也是一个重要风险因素。大学生获取就业信息的渠道相对有限，往往难以全面了解市场需求和企业招聘要求。同时，一些不良中介机构利用大学生求职心切的心理，发布虚假招聘信息，骗取钱财，给大学生造成经济损失和精神伤害。

（三）专业与技能风险

专业设置与市场需求脱节是大学生就业面临的一大问题。部分高校在专业设置上缺乏前瞻性，未能充分考虑市场变化和社会需求，导致一些专业的毕业生供过于求，而一些新兴专业人才却供不应求。此外，一些高校课程体系陈旧，教学内容与实际工作需求脱节，学生所学知识和技能无法满足企业要求。

实践能力不足也是影响大学生就业的关键因素。企业在招聘时更加注重应聘者的实践经验和动手能力，而许多大学生在大学期间缺乏实践锻炼机会，理论知识与实践操作脱节。例如，一些理工科专业学生虽然掌握了丰富的理论知识，但在实际项目操作中却存在动手能力差、解决实际问题能力不足等问题。

（四）个人素质与心态风险

综合素质不高限制了大学生的就业选择。除了专业知识和技能外，企业还注重应聘者的沟通能力、团队协作能力、创新能力等综合素质。一些大学生在人际交往中存在障碍，缺乏团队合作精神，创新意识淡薄，这些都使他们在求职过程中处于劣势。

就业心态不稳定也给大学生就业带来风险。部分大学生对就业期望过高，过于追求高薪、舒适的工作环境和良好的职业发展前景，而忽视了自身实际能力和市场需求。当求职过程中遇到挫折时，容易产生焦虑、自卑等负面情绪，影响正常的求职和就业。

（五）政策与法律风险

就业政策的变化可能影响大学生就业。政府出台的就业政策旨在促进就业公平、推动经济发展，但政策在调整和实施过程中可能存在一些不确定性。例如，某些地区或行业的就业扶持政策可能发生变化，影响大学生在这些领域的就业机会。

劳动法律法规意识淡薄也给大学生就业带来隐患。一些大学生在签订就业协议和劳动合同过程中，由于缺乏法律知识，对合同条款审查不仔细，容易陷入就业陷阱。例如，一些企业在合同中设置不合理的条款，如延长试用期、降低工资待遇、限制员工权益等，大学生如果不了解相关法律法规，就可能遭受权益侵害。

第三节 大学生就业风险应对策略与措施

建立大学生就业风险应对的总体策略和具体措施，在文化资本与人力资本框架下，从不同层面制订具体措施，充分发挥家庭代际传承、学校过程建构与个人后天努力的综合作用，才能有效地应对大学生的就业风险。

一、大学生就业风险应对的总体策略

针对所面临的不同类型就业风险，结合大学生的风险承受能力和风险态度，可以制订或选择就业风险规避、风险承受、风险转移、风险降低四种不同的总体应对策略，这需要大学生发挥主动性和外部进行帮扶，从内部个体和外部群体共同努力实现。

（一）就业风险规避

就业风险规避是通过改变与就业风险相关的某些计划或活动，以规避未来由于失业或职业不匹配、职业健康伤害等可能对大学生造成的损失或影响。放弃或停止是风险规避的基本理念之一，排除就业风险来源是规避就业风险的重要策略之一。尽管风险无处不在，无法彻底避免或消除，且在当前就业市场环境下，大学生面临着越来越复杂的就业风险，但依然可以采取一定方式在一定程度上规避就业风险。具体包括以下四点。

第一，客观定位评价，舍弃不合理的就业目标。许多大学毕业生在就业时缺乏明确的就业目标或具有较高的就业目标。这就需要采取措施明确就业形势，利用就业与创业政策，客观定位和评价自我，确定继续深造、求职就业或自主创业目标，及时舍弃不合理的就业目标以规避就业风险。访谈发现，在当前社会经济环境和就业市场环境下，许多大学生选择或准备在毕业时"考研"或"考公"，却并未结合自身人力资本优势考虑是否适宜这一就业目标，导致就业风险的增加。而他们的就业目标与意愿虽然是自身的选择，却往往会受到家庭、学校和社会环境的影响。大学生人力资本与家庭文化资本直接削弱他们的直接就业意愿，而大学文化资本间接削弱他们的直接就业意愿。因此，大学生个体、家庭、学校和社会需要共同发挥作用，促使大学生结合个体的专业、兴趣特长以及人力资本优势选择是否继续考研深造或考取公务员，避免从众攀比心理导致的盲目报考。而对于准备创业的大学生则需要充分利用各项民族政策或就业政策，结合个体的创业基础和创业经验，在创业中合理制订创业计划，舍弃不符合社会发展和自身能力的高风险创业计划，规避就业与创业风险。

第二，转变就业观念，舍弃理想化的就业策略。就业观念是大学生就业策略选择的基础，对大学生就业结果具有重要影响。当前许多大学生的就业观念相对保守，较为理想化，追求一次性稳定就业，希望通过高等教育在毕业之后到经济发达地区从事高待遇和高稳定性的职业，对于不符合自己要求的就业单位往往宁愿不就业也不愿意去，但这些地区或职业的就业吸纳能力有限，难以实现一步到位就业。访谈分析发现，尽管一些大学生就业范围集中于民族地区，但依然追求高收入或"铁饭碗"，这种观念与策略的选择增加了他们在劳动力市场上的就业风险。因此，需要大学生个体、家庭、高校或社会各个层面共同努力，转变一次性就业的观念，树立多元化的就业观念，将初次就业作为择业的起点而非终点，舍弃必须寻找"铁饭碗"、高薪酬或发达地区大城市就业的理想化就业策略，结合人力资本状况和其他因素选择适宜锻炼或提升自我的灵活就业策略，或积极投身基层建设，或到经济发展相对薄弱的民族地区投身当地经济建设，促进就业风险规避。

第三，健全职业观念，舍弃不适当的就业期望。健全职业观念，舍弃不适当的就业期望是就业风险规避的手段之一。就业期望过高容易造成结构性失业，而就业期望偏低则容易导致职业风险增强。大学生受到父母思想文化观念等因素的影响，往往更期望回到家乡生源地选择稳定性较高的岗位就业，而忽略了基于自身人力资本特征确定就业期望，进一步增加了就业风险。大学生的就业风险除了受到自身人力资本的影响，还受到家庭文化资本和大学文化资本的影响，家庭文化资本直接或间接提升了大学生对就业薪酬的期望或实现经济发达地区就业的期望，大学文化资本则直接降低他们的就业薪酬期望。因此，父母、高校和社会在大学生就业方面给予更多的引导与支持，充分发挥家庭文化资本和大学文化资本在就业期望中的作用，帮助大学生合理定位自己，客观评价自己拥有的人力资本，结合就业环境与自身优劣势及时地确定和调整就业收入、单位性质和就业地域期望，舍弃超出自身风险承受度的职业期望，有助于合理规避就业风险。

第四，规范择业就业，舍弃不合规的就业行为。就业过程中的协议或合同违约风险也是失业风险的主要来源之一，这就需要通过规范的择业就业，舍弃不合规或虚假性的就业行为或要求，规避失业风险。一方面，注重追求诚信是大学生就业的基础。大学生务必增强自身的诚信意识，在求职中保证求职档案真实可靠，杜绝如虚构成绩或奖励证书等弄虚作假行为或夸大自身人力资本积累优势的行为，杜绝随意单方面违反劳动协议或合同的行为，避免由于自身不诚信或不合规就业行为所导致的就业风险。另一方面，大学生务必舍弃不可靠的招聘行为，规范签订就业合同。对于在择业过程中可能碰到的虚假的招聘信息和行为，毕业生要提高自我保护意识，积极运用法律武器维护自己的正当权益，拒绝不合理的求职要求。为此，家庭、学校、政府、社会需要共同努力加强大学生就业指导与服务工作，完善劳动法律法规并加强对大学生就业法律法规的宣传教育，同时进一步规范就业环境，杜绝虚假招聘对大学生可能造成的损失或影响。

（二）就业风险承受

就业风险承受是对于在风险承受能力范围内的就业风险，在权衡成本效益后，准备应对就业风险事件并维持现有就业风险水平，即接受未来可能的失业或职业不匹配、职业健康伤害等对大学生造成的损失或影响。采取这一策略的主要原因在于无法消除就业所存在的所有风险。这种策略的选择表明决策者不预备改变与就业相关的某些计划或活动来处置就业风险。该策略既包括不采取任何行动措施，而是待风险实际发生时视情况处理，消极被动接受就业风险后果，也包括主动地适应现状，制订应急方案，积极主动应对就业风险事件。

大学生具有不同的风险承受能力和风险态度。作为风险承担者，大学生的风险承受能力受到个人、家庭等多方面因素的影响，表现出不同的风险承受能力，例如，物质生活条件与经济状况较好家庭的大学生对就业风险的承受能力可能更强，更愿意或更有能力接受和承担暂未就业或职业不匹配等所造成的风险，人力资本存量更多的大学生的就业风险承受能力也可能越强。在风险承受能力范围内，不同大学生面对风险也表现出风险偏好、风险中性或风险厌恶三种不同态度。风险偏好型的大学生在就业时可能更加偏向于确定风险性较高的就业目标和就业期望，即便可能面临着风险损失，依然愿意选择具有更高挑战性的就业，如自主创业、选择报考竞争较激烈的名牌高校热门专业的研究生或热门岗位公务员、选择到竞争性较强的行业部门求职等。他们不愿意舍弃风险较高的就业目标、期望和策略，更愿意在风险中寻找或把握机会，承担可能面临的失业或职业风险。风险中性型的大学生主要根据就业目标或期望的风险程度来判断是否选择相应的就业策略。他们更偏向于风险适中的就业策略，且愿意承担这种就业策略所可能造成的风险损失或影响。而风险厌恶型的大学生则主要偏向于风险较小的目标和期望，力图最大限度地回避高风险的就业策略，而选择风险较小的就业策略。相对于风险较高的就业目标或期望，他们更愿意接受相对更加保险或风险相对较小的就业策略。

具有不同风险承受能力和风险态度的大学生在应对就业风险时所愿意接受的就业风险是存在差异的，且对就业风险承受的策略不同。对于在风险承受能力范围内的就业风险，有些大学生可能选择不采取任何措施控制风险，而是消极被动接受就业风险后果。如访谈分析发现，部分大学生提到考虑到在外地就业可能较为困难、自身人力资本又不具有优势，毕业后直接选择回到家乡所在地寻找一份工作，对职业的期望也不高。而有些大学生则采取更积极主动的态度去承受可能的就业风险，例如，部分大学生可能确定了较高的"考研"或"考公"目标，会尽全力去复习准备、收集资料、准备笔试及面试，做好充足的考试准备。而有些预备求职的大学生则会通过各种途径充分了解各种就业政策、民族政策，深入了解就业市场环境，积极收集整理和筛选各种就业信息，做好充足的求职准备以承受就业风险。可见，尽管在当前劳动力市场环境下，大学生往往难以一步到位实现较高的就业目标或期望，面临着较大的就业风险，但是大学生自身及其家庭和就读高校均应当共同努力帮助他们及时调整心态，正确客观地研判就业市场环境与经济发展形势，积极主动地做好就业准备，以快速适应就业市场环境，接受就业风险并积极应对。

（三）就业风险转移

风险转移通常是风险承担者以不同方式设法转移风险后果及其连带的应对责任至第三方，即以正当合理的理由让其他方帮忙承担风险可能的全部或部分损失或影响，而并非完全清除风险。大学生作为就业风险的直接承担者，是就业风险的决策主体，难以真正为就业购买保险，以正当理由让其他方承担风险损失，实现就业风险的绝对转移，仅能通过调整利用个人就业选择、借助家庭或学校的部分力量，暂时性地实现就业风险的相对转移。比如，大学毕业生利用个人就业选择暂时转移就业风险，通过选择继续升学深造、第二学位、自主创业或先临时短期谋职之后再进行职业迁移，暂时缓解转移特定就业环境下的就业风险。有一部分大学生预备在毕业之后继续升学深造，这自然是他们提升人力资本的需求，但往往也是为了回避当前就业压力的选择。这种方式似乎是为未来就业购买了保险，但实质上只是暂时隐藏或延后了就业风险。又比如，借助家庭社会经济资本转移就业风险，社会资本更丰富的家庭可以动用更多的社会资源为子女就业提供更多信息和创造更多机会，且经济状况更好的家庭更有能力承担子女的暂时性失业或职业风险损失，在一定程度上能够转移就业风险可能给大学生子女造成的损失。再比如，借助大学的校企合作联合培养，如订单式培养模式，加强高校与企业的合作，让企业参与高校人才培养活动，毕业之后直接进入相应企业工作，就读高校和企业在一定程度上共担风险，可以帮助暂时转移就业风险。

（四）就业风险降低

就业风险降低是在权衡成本效益之后，采取适当的控制措施减少或降低就业风险事件可能产生的后果，将就业风险控制在可以承受的范围之内。这一策略是通过提前采取行动设法降低不利的就业风险事件发生的概率或者减少就业风险事件可能造成的损失或影响，将就业风险概率或风险后果降低至大学生的风险承受能力范围内。具体策略如下。

第一，树立风险意识，提升就业风险感知。高等教育投资是具有风险的投资行为，大学生应当客观评价就业市场环境，树立风险忧患意识，充分感受可能面临的就业危机，避免就业时的盲目乐观。当前就业市场环境复杂多变，尤其是全球经济下行状况下，就业风险越来越复杂。尽管大部分大学生就业风险感知较强，但有些大学生依然对就业风险感知不明确。调查显示，家庭与大学文化资本通过人力资本的作用间接减弱了他们的就业风险感知，而大学文化资本直接显著地强化了他们的就业风险感知。因此，充分发挥家庭和大学在大学生就业风险感知中的作用，让大学生体会到就业危机感，坦然面对就业中可能面临的风险或失败，有助于激发他们积极培养风险防范能力，对于降低就业风险具有重要意义。

第二，端正风险态度，积极参与就业竞争。除了树立风险危机意识，在应对就业时，大学生还要强化心理调适，积极参与就业竞争，理性应对就业中的各种风险，增强就业信心。受到家庭文化资本，尤其是民族性文化资本的影响，一些大学生在人力资本的积累方面相对较薄弱，在就业时具有较高的风险意识，可能在就业中具有自卑心理，一旦在求职中遇到挫折就失去信心，无法实现下一次的成功求职。他们因此容易选择一些保守消极的就业行为，很可能在就业中面临着更高的风险。因此，大学生需要根据自身人力资本合理自我定位，认识就业风险中的机会，发掘自身人力资本优势，拓宽和利用各种就业渠道，积极主动求职就业，理性参与就业竞争，以积极主动的心态应对风险，降低无法就业或盲目就业可能产生的各种风险。

第三，做好职业规划，积累人力资本优势。研究发现，人力资本依然是增加就业机会、提升就业质量和降低就业风险最主要的因素之一。为了降低大学生就业风险，在进入高校时应当尽早提前做好职业生涯规划并及时进行修正优化，确立大学期间的学习目标与方向，积累适合职业规划的人力资本优势。职业生涯规划是大学生结合自身情况确立未来的职业目标或方向，且为实现这一职业生涯目标而制订的相应行动计划或方案。大学生在进入大学开始，应当全面分析就业环境，正确认识自我，结合自身实际、家庭情况和社会需求等多方面选择专业、学习专业，确立未来就业目标和职业方向，明确所需要具备的知识、素质和能力，利用各种机会锻炼和培养各种专业技能，提升就业能力，积累符合职业规划的优势人力资本，降低就业风险。这需要家庭引导、学校教育、外部政策和内部努力的有机联动。

二、大学生就业风险应对的具体措施

家庭与学校场域的文化资本及学生人力资本是大学生就业风险的双重驱动因素。结合大学生就业风险应对的总体策略，发挥个体、家庭、大学与社会层面的多维作用才能具体应对大学生的就业风险。

（一）个体层面：积蓄人力资本

文化资本与人力资本占用共同解释了大学生就业风险与就业风险感知，且人力资本是解释大学生家庭与大学文化资本对就业风险或就业风险感知之间联系的重要解释因素。以大学生自身为主导，积蓄人力资本是应对大学生就业风险的核心措施。

1. 积累人力资本存量

人力资本是影响大学生就业风险的关键直接因素，只有在大学期间制订完善的职业生涯规划，注重人力资本投资，提高知识水平，培养综合素质，增强职业能力，循序渐进地积累人力资本存量，才能应对就业风险。

（1）提升显性人力资本：大部分大学生在显性知识型与素质型人力资本的积累上都没有表现出显著优势，这让他们在劳动力市场上不具有竞争优势，从而面临着更高的就业风险。为此，大学生需要做到以下几点。

第一，提高知识水平。体现知识水平的知识型人力资本是构成大学生人力资本的重要方面，主要表现在学习成绩、外语水平、职业证书获取、计算机水平、双学位、发表论文和参与课题研究等方面，而大部分大学生普遍在这些方面相对弱势。大部分毕业生成绩处于中等或良好水平，仅有少部分同学有一定的其他学习成就。可见，提高显性知识资本依然是大学生人力资本积累的基础。因此，大学生提高自身知识水平，首先需要端正学习态度，正视自身的不足，克服消极学习心理，还需要合理规划大学四年时间，充分利用大学学习环境，努力学好专业知识，提高学习成绩和外语水平，同时尽量拓宽自身知识面，获得更有含金量的其他学习成就。

第二，培养综合素质。政治面貌、荣誉证书、实践获奖和其他实践经历等体现综合素质的素质型人力资本既是大学生人力资本的重要维度，也是大学生能力型人力资本的显性体现。质性研究和调查数据显示，少部分毕业生在政治面貌、奖学金等荣誉证书获得或社会实践活动比赛方面具有一定优势。尽管大部分毕业生都会积极参加学生组织或社团活动，也具有一些专业相关的实习实践经历，但获得省部级以上奖项的同学极少，所参与的社团活动也以校级文化或文体活动为主，实习实践经历很多都流于形式，对未来职业能力的帮助甚微。总体上，大学生的综合素质依然不高，进一步提高综合素质是积累人力资本存量的重要方面。为此，大学生要进一步提高自己的政治素养和道德修养，结合自身职业规划，在学习之余积极担任学生干部，积极参加社会实践活动，拓宽视野和增长见识，真正实现专业知识水平与实际工作的有效结合，在培养文化能力的同时，还要有意识地锻炼语言表达与沟通能力、协作沟通能力、发现与解决问题能力等，培养在就业市场上具有竞争力的素质型资本。

（2）增强隐性人力资本：除了显性人力资本，隐性人力资本对大学生就业风险也发挥着重要作用，且在对家庭、大学文化资本与就业的关系中发挥着重要解释作用。隐性人力资本是大学生对自身能力型资本的隐性表达与评价，本质上应当与其素质型资本具有一定关联性。作为就业风险的主要承担者，除了需要具备良好扎实的专业知识与综合素质，还需要具备健全的道德品质素质、人际社交与沟通能力、适应能力、心理承受能力、团队合作能力与创新能力等。大学生应当从思想上明确提升能力型资本的重要性，并有意识地以各种方式增强自身的能力型资本。思想道德与政治素养是大学生应当具备的基本素养，毕业生应当爱国爱岗、诚信守法，拥护党的各项民族政策，树立正确的世界观、人生观、价值观，具备良好的道德素质，遵守职业道德，积极参与国家社会经济建设。通过积极担任学生干部、参与社团组织、校内外各种比赛竞赛活动、创新创业活动或实践活动等，努力增强人际社交与沟通能力、团队合作能力与创新能力等各种隐性能力。

2. 优化人力资本结构

从存量而言，不同类型的人力资本积蓄对大学生就业都具有非常显著的作用力，人力资本存量显著促进了大学生就业机会的获得与就业质量的提高，也有助于降低就业风险。然而，高等教育人力资本投资成本较高，也具有一定风险，无法实现所有类型人力资本积累上的均衡性发展。因此，大学生需要根据自己的就业目标和就业期望，关注未来职业需求，在人力资本存量积累基础上，有针对性地培养与职业目标相适应的知识、素质与能力，实现知识学习、素质培养和能力提升的相对均衡发展。例如，对于选择毕业后继续学习深造的同学，尤其是预备报考学术型研究生的同学，在综合素质和隐性能力培养的同时，应当侧重加强专业知识学习，在课程学习、发表论文、参与课题研究上可以适当加大投入，注重培养学术能力和发现与解决问题的能力等，在时间和精力投入有限的情况下，参与社团组织和各种实践活动可选择在适当阶段安排，如大一、大二这种入学初期阶段或硕士学习阶段等。而对于毕业后预备求职就业的同学，则在加强专业知识学习的同时，侧重综合素质和能力的锻炼，可以适当加大在学生组织任职或社会实践活动参与等方面的投入，注重培养综合素质与能力。

对于预备创业的同学则更应当侧重创新能力的培养。即便是在专业学习上，也应注意结合职业规划有的放矢地投入。调查研究发现，一些大学生在大学阶段也考取了一些相关专业资格证书，但这些证书的考取更多的是盲从选择，而非结合职业目标规划的学习计划，并非对所有同学均具有同等含金量，如教师资格证仅对从事教师职业的同学才是有用的，在大学阶段不应只是盲目进行人力资本投资获取各种技能证书，而是要结合就业目标期望选择获取较高含金量的专业证书。

（二）家庭层面：增值家庭文化资本

尽管不同家庭条件的大学生所拥有的资源具有先天差异，但家庭文化资本因素依然能够直接或间接地影响大学生就业风险及其感知。家庭除了提供经济资本和社会资本，文化资本的支持也很重要。以家庭为基础，实现家庭文化资本的增值，即丰富、传承和利用公有性家庭文化资本和民族性家庭文化资本，是大学生积累人力资本及应对就业风险的后勤保障与精神支撑。

1. 增值公有性家庭文化资本

家庭公有性文化资本对毕业生失业风险和职业风险分别发挥显著的间接抑制和直接抑制作用，并间接显著地减弱了大学生的就业风险感知。合理地丰富和提升公有性家庭文化资本并实现增值转化，有助于提升大学生人力资本，积极应对就业风险。

（1）实现具身化公有性家庭文化资本增值：家庭文化资本对子女的影响更多地渗透在家庭环境中，以耳濡目染的方式实现。良好的家庭为子女所提供的并不仅仅是优越的经济条件，更应当是丰富的文化资本，尤其是与主流文化相适应的文化能力。具体可以从以下几个方面实现：第一，吸收丰富具身化公有性文化资本。父母需要认识家庭教育的重要性，注重自身一般性文化能力的作用，在工作生活中通过多种渠道尽量吸收和强化与主流文化相适应的具有优势的具身化文化资本，不断更新教育观念，秉持开明的家庭教育理念和教育观念，有意识地培养良好的文化习惯，在提升自身文化素养的基础上，注重营造良好的家庭文化氛围和开放的亲子交流沟通环境，加强与子女关于书籍阅读与社会时事的讨论以及进行学习、就业与生活等方面的沟通，鼓励或与子女共同参与各种性质的文化活动，从物质和精神上关心和支持大学生子女参加高校的社会实践活动，结合子女实际情况建立对子女教育与就业的合理期望，避免盲目攀比的过高期望和自卑的过低期望。第二，充分发挥具身化公有性文化资本的实际效用。父母除了提升自身文化能力的丰富度，如提升阅读的频率、亲子沟通的强度或文化活动的频率，还应当充分发挥自身文化能力对子女文化习惯培养的有效性，实现效用的转化。效用的转化并非父母的全程代劳和过分干预，而是通过有效的沟通、合理的期望等帮助子女端正就业心态，鼓励子女拓宽眼界与视野，树立正确的就业目标或期望，建立完善的职业生涯规划，客观定位自我和认识市场环境，促使他们积累人力资本，以应对复杂的就业市场环境。

（2）实现客观化公有性家庭文化资本增值：家庭的藏书等文化物品相对较少，而且品类也较单一，这本身与家庭的经济状况条件相关，也与父母的文化程度和职业具有一定关联性。家庭有必要尽力为子女创造良好的客观文化条件和引导子女恰当利用文化物品。第一，适当提供客观化文化物品。尽管不同经济条件的家庭在文化物品上存在较大差异性，但即便是经济状况薄弱的家庭，也可以力所能及地为子女创造一定的客观化文化资本。例如，若没有经济条件创造单独的书房，可以尽量为子女提供独立的书桌，让大学生子女在家中能够拥有独立的学习时间与空间。第二，适度配比客观化文化物品。许多家庭中虽然有部分藏书，但多以娱乐性书籍为主，文化资源相对较少，且家庭中文化物品的品类都较为单一。父母应当根据子女成长阶段及时更新书籍，配备适应不同成长阶段的书籍。虽然大学生作为成年人已经具备一定的自主判断能力和独立思考能力，但依然需要家庭提供支持购买文化物品，父母可以根据子女的成长与发展需求支持子女购买一些与子女思想、学习就业相关的书籍，并为子女人力资本积累创造更丰富的文化物品，如电子类学习工具、音乐绘画类文化器具等。第三，引导子女恰当利用文化物品。在丰富文化物品的基础上，父母需要在子女的整个成长阶段引导其合理运用家庭文化物品，培养其文化习惯和学习习惯，这对于他们进入大学阶段后积极积累人力资本也有一定影响。

（3）实现制度化公有性家庭文化资本增值：父母的文化程度等制度化文化资本不仅可能通过更广泛的关系网络直接为大学生提供更多就业信息，创造更多的就业机会和更好的就业条件，也可能与家庭具身化与客观化公有性文化资本相互转化，促进大学生子女人力资本的积累和就业风险的降低。要发挥制度化文化资本的增值效应以应对就业风险，具体可以从两方面实现：第一，充实制度化公有性文化资本。虽然有些大学生家庭中父母学历水平等制度化文化资本状况较难改变，但当前社会经济与教育生活背景下，父母树立终身学习理念，加强自身学历和知识素质，为子女树立良好的榜样，共同学习与成长，潜移默化地促进家庭子女主动学习意愿和教育成功。家庭父母有必要明确自身接受教育对于大学生子女家庭教育的重要性，树立自觉学习意识，主动继续学习，积极参与教育培训或进修学习，通过官方认证或民间颁发等不同途径充实自身学历水平和资格证书认证等，树立榜样效应，激励子女的学习意愿，发挥家庭教育在子女教育成功中的重要作用。第二，强化制度化公有性文化资本的作用效果。大学生的学习意愿、人力资本积累与就业都较容易受到父母学历与职业及语言能力等方面的影响，文化程度更高的家庭，父母通常能为大学生子女提供更实质性的指导意见和支持，帮助其人力资本积累和降低就业风险。因此，父母除了实现制度化文化资本在量上的提升，还需要切实发挥自身制度化文化资本的有效作用，而这可能需要实现有效利用具身化与客观化文化资本的共同作用。

　　2. 增值民族性家庭文化资本

　　家庭民族性文化资本似乎具有"双刃剑"作用，大学生家庭民族性文化资本显著直接或间接抑制失业风险，但家庭民族性文化资本显著直接增强了职业风险，同时间接增强了就业风险感知。且民族性文化资本与公有性文化资本之间相互作用与强化，有可能影响家庭对公有性文化资本的使用。有效地传承和利用民族性文化资本，发挥其积极作用并合理规避消极影响，实现民族性文化资本的增值，对于大学生应对就业风险也具有重要意义。因此，家庭需要有效地传承和利用民族性文化资本，实现增值转化。第一，家庭要坚持开放包容的文化意识，更好地利用民族文化活动与交流活动对大学生思想观念与品性、行为等方面的积极作用，引导大学生树立正确的思想观念，鼓励与支持大学生与其他不同民族的广泛交往、交流、交融，丰富大学生的文化生活，充分有效地发挥民族文化习惯在大学生学习成长中的潜移默化的教育意义。第二，家庭应当明确认识民族优秀的传统文化物品是构成中华优秀传统文化的重要部分，注重保护与保留民族乐器、舞蹈、绘画、作品或手工艺品等民族文化物品以及推崇对这些文化物品的熟悉与熟练使用，更需要将这些技艺传授给大学生子女，真正实现技艺的传承，这对于大学生认知与非认知性人力资本的发展都将具有重要影响。第三，家庭要增强民族文化资本传承意识，让经过历史检验和实践证明的珍贵民族文化遗产得以保存，并充分运用于指引与促进子孙后代健康成长与发展，促进他们进一步传承与发展，尤其是充分调动大学生群体利用大学宽松、多元与包容的文化交流环境实现民族文化遗产的传承与发展，这不仅对于国家文化遗产保护具有重要意义，也能进一步增强大学生的文化自尊、自信以及促进自身文化的包容性与适应性。

（三）大学层面：提升大学文化资本

后期的学校教育与早期的家庭教育无法割裂且互为补充，对于大学生而言，在学校教育过程中所传递的以及在不同学生群体文化影响下不断更新发展的大学文化资本在其学习与就业中可能发挥着更加重要的作用。以大学为载体，充分发挥全体教师和大学生群体的共同作用，实现大学文化的资本化，并进一步将大学文化资本与大学生家庭或社会文化资本相结合，促使大学文化资本提升，使之价值内化至教师和大学生群体，是促进大学生积累人力资本进而应对就业风险的有效助力。

1. 提升公有性大学文化资本

大学公有性文化资本能够显著直接和间接抑制大学生失业风险并积极影响人力资本，尤其是隐性人力资本，进而对职业风险产生作用，也显著间接减弱就业风险感知。因此，有必要提升公有性大学文化资本，充分发挥大学公有性文化资本在大学生人力资本积累和应对就业风险上的积极作用。

（1）提升具身化公有性大学文化资本：大学具身化文化资本是长期积累的过程，大学声誉、师资水平等方面本身与学校品牌类型之间具有一定的联系，但学校品牌类型并不能完全代表大学文化资本的多寡。具身化文化资本是大学文化资本的核心，体现了大学的办学理念、管理哲学与精神追求，需要大学历届师生群体的共同努力，将普遍认可的优秀思想观念与行为模式融入大学场域主体的认知与行为中。要实现具身化公有性文化资本的提升，大学需要提高教师和学生的自主性，共同孕育优势文化能力。第一，依托建校历史，发掘、保护并继承学校精神文化遗产，形成大学独特的价值理念和校园文化。大学文化资本具有明显的分层现象，这与大学的建校历史有着较大关系，建校历史悠久的大学应当注重学校精神文化遗产的保护与继承，形成更为持久的文化理念，而新兴大学也应尽快发掘出体现办学理念的校园文化与价值观，并实现在大学场域中的传承与发扬。第二，营造积极开放的文化氛围，建立良好的人文环境。坚持立德树人为根本任务，将办学理念融入大学的文化环境中，树立人才引领发展的理念，调动师生积极参与文化环境的建设与维护，共同营造积极开放的文化氛围，建立师生之间、生生之间、不同岗位师师之间平等交流与和谐共处的人文生态。第三，注重师生文化素养的提升，打造优良的校风学风。通过加强教师与学生的思想道德建设，推动师德师风建设常态化，建设高素质的专业化教师队伍，引导大学教师潜心育人，发挥师德师风的文化涵育作用，实现师风与学风的互促共进，提高大学生的思想政治觉悟与道德文化素养，提升他们的爱国情、强国志和报国行。第四，鼓励大学内部师生共同维护和提升学校社会声誉等。大学要激励教师提高教学科研水平，提升学校的办学质量和社会声誉，同时注重学生诚信教育，引导毕业生建立良好的职业声誉，向劳动力市场传递积极信号。第五，提升师生对大学的文化认同感，实现具身化文化资本的价值内化。即便是同一所大学的学生，他们对文化资本的感知也依然存在差异，大学文化资源只有在开发利用的基础上内化凝结于大学师生身上，才能真正有助于师生的成长和发展，转变为资本。大学作为高等教育机构，要提高教育力量，充分发挥教育功能，促进师生对大学的文化认同，将学校具身化文化内化为全体大学生的品性素质。这些措施既能促进大学生树立正确的人生观与价值观，培育大学生文化性格与积极的学习态度，又能够促进大学吸引更多的优秀人才进一步充实大学的文化能力，潜移默化地对人力资本积累产生影响，还能够在劳动力市场上产生信号效应。

（2）提升客观化公有性大学文化资本：大学客观化文化资本包括学校物质环境、设施设备和图书资源等文化软硬件资源以及文体活动，客观化文化资本的积累以具身化文化资本为基础，需要大学同时投入经济资本与具身化文化资本，使具有优势家庭文化资本的大学生认识到自己与学校要求之间的差距而更努力地提升成就，也使处于弱势家庭文化资本的大学生获得公平的资源追求学业成就。第一，及时更新文化软硬件资源。尽管大学在办学规模上的差异导致拥有的软硬件资源存在一定差异，但大部分大学在办学中都对文化物品形成了一定量上的积累，只是有些高校对于文化物品的更新速度较慢，有些资源无法及时满足大学生的需求，这一问题在访谈中也有所体现。这就需要大学逐步优化大学物质环境，建立相应的文化物品更新利用制度，及时统计学校的现有资源状况，了解资源最新发展动态和师生的需求状况，将经济资本的投入有效地运用于及时更新文化资源上。第二，提升开展文化活动的意识，明确各类文化活动的目的与意义，增加健康向上与格调高雅的文体活动的开展。大学文体活动应当向学生传递积极的价值导向，通过定期或不定期组织不同形式的线上或线下校园文化活动，以及打造和推广精品文化活动，在文化实践活动中发掘与培养大学生的素质能力。第三，引导客观文化资源的使用并充分资本化。大学的客观化文化资本不仅仅是一种固定资产，也应当是促进大学生知识学习、素质提高和精神享受的价值体现。大学可以通过文明校园创建活动，增强大学生对文化物品的利用率和利用效果，充分发挥大学人文建筑景观、文化物品等的文化价值。同时，要使课程学习与文化活动紧密融合，开发学生的文化结构，开阔大学生的视野，强化大学生的知识学习。将文化物品的使用与文化活动的开展融入大学生的学习和生活，使其充分资本化实现价值增值，促进其人力资本的积累。第四，建立适宜具身化文化资本转化为客观化文化资本的条件。经济资本的投入可以帮助大学获得客观化文化资本，但不能实现客观化文化资本的价值创造，而具身化文化资本则能帮助实现客观化文化资本的价值创造性与增值性。大学需要建立适宜具身化文化资本转化为客观化文化资本的条件，如完善师德师风建设长效机制、人才引进与聘用机制、教学科研管理制度、客观的人才评价体系与奖惩机制等，将教师知识转化为客观化文化资本。

（3）提升制度化公有性大学文化资本：制度化文化资本需要大学不断获得权威机构的资质认证，而具身化文化资本是其形成与积累的前提，与其相辅相成。提升制度化文化资本可以通过以下途径：第一，注重打造优质特色品牌。大学品牌是制度化文化资本的重要表现形式之一，大学在发展过程中不仅需要遵循基本的办学规律，还需要结合自身情况创建自身的特色，不同品牌的学校拥有不同的精神文化与物质文化，造成了具身化与客观化文化资本的校际差异。例如，国家重点建设的一流学校拥有更多的文化资源，尽管在众多大学中，并非所有的大学都能够成为知名品牌，但大学合理定位人才培养目标，在打造特色优质品牌的同时，更应注重培育特色品牌，将文化能力转化为制度化文化资本，能够为大学生提供更多的就业资本。第二，加大投入引进高素质、高学历的高层次师资力量。大学需要提供更多资金支持用于引进和培养政治立场坚定的优质教师，提升师资力量的知名度与影响力，以及大学主体教师的学历、职称、荣誉证书称号，再通过这些教师创造更多公开发表的以及经认证的教学科研成果，从大学内部个体角度提升制度化文化资本。第三，建立完善的制度体系，并使制度获得教育机构、权威评价机构或学术同行的认可与支持。完善的制度体系是大学良好文化环境与氛围形成的基础，包括规章管理制度、课程建设制度及就业指导服务制度等。在规章管理制度方面，注重标准化与个性化管理结合，如通过标准化奖惩机制规范师生的行为，促进教师与学生对学校的归属感，也为大学生健康发展建立宽松的环境，完善学生助学制度帮助贫困家庭大学生获得公平的学习机会。在课程建设方面，要与时俱进，根据主流劳动力市场需求不断更新调整课程体系；教学内容上融入课程思政，引导大学生坚定理想信念和增强使命担当；课程设置上考虑如何增强学生融入不同环境的意识与能力，可以通过增设实践课程，提供双学位、第二学位或公开课学习等选修机会，创造更多的学习实践机会，帮助就业形势较差专业的学生拓展知识面，让大学生既能适应主流就业市场环境，又能适应民族地区经济建设需求。在就业培训指导方面，培养一批高素质专业化的就业指导培训师资力量，建立全程全员有针对性地分阶段就业指导，从职业生涯规划开始将就业指导纳入课程教学体系中，对低年级学生开展职业规划指导并引导他们进行就业知识与能力储备，对高年级学生组织开展创业就业教育和与就业相关的法律法规制度教育，对即将毕业的学生加强就业心理辅导，提供就业形势分析、信息检索整理与求职技巧方面的培训指导，举办如信息搜索、简历制作、模拟应聘等多种形式的就业指导，引导他们理性选择就业方向。在就业信息服务方面，注重有效收集与发布有价值的就业信息，利用多渠道、多形式结合大学生就业需求开展就业信息定制推送服务，如利用大数据筛选建立定制信息推送渠道，使用多种信息渠道依据不同学生的特点需求推送适宜的求职信息。同时，大学制度虽然由学校内部自主制定与执行，但所有制度的制定、修改与废止工作均需要合法化和规范化，使其成为经认可的办事规程和行为准则。

2. 提升民族性大学文化资本

大学既要优化校园文化氛围、教师水平、校园资源等公有性文化资本，又要注重民族性文化资本的培育，发挥大学民族性文化资本在大学生人力资本积累中的积极作用，以帮助大学生应对就业风险。

（1）提升具身化民族性大学文化资本：大学除了重视物质环境建设，还应注重宽松多元、包容性强的文化环境建设，以促进各民族文化的交流，增强大学生对本民族文化的认同以及对其他民族文化的理解。大学生所在的大学基本上具有宽松多元化的文化氛围，对民族文化的包容性较强，大学生活也让学生增强了文化适应性，通过与不同民族学生的交往交流，更能快速适应不同文化环境。大学应当进一步发挥传播、弘扬与传承文化的积极作用，鼓励教师给予学习弱势的学生相应的学习帮扶和生活关注，尤其是掌握大学生的思想动态与价值观念，引导支持学生之间进行各种交流交往，实现求同存异和兼收并蓄，提升大学生的自信心，增强大学生的文化素养与能力。

（2）提升制度化民族性大学文化资本：大学需要进一步加强品牌建设和民族特色的制度建设，充分发挥民族性大学文化制度在大学生人力资本积累与就业风险应对中的作用。一方面，民族品牌大学要进一步建设与发挥品牌优势。民族类院校是经过教育机构认证的民族品牌性大学，相较于其他普通高校，它们为学生提供了更多接受高等教育的机会，也是传承与弘扬各民族优秀文化的主要基地。民族类院校可以借助民族品牌特色，与民族地区建立对口支援关系，建立大学与民族地区的互动平台，还可以帮助他们了解民族地区以外的就业市场环境与形势，消除在民族地区以外就业的顾虑性。另一方面，加强针对大学生的特色规章与管理制度的建设与宣传推广。例如，在招生政策方面，许多民族类高校在专业设置上主要偏重于社会科学类专业，这些专业实务性较弱，导致就业范围较窄，大学需要优化专业设置的结构布局，加大技能型专业建设的投入并扩充招生规模，当然普通高校也需要扩充技能型专业上对大学生的招生规模。在课程体系建设上，应结合社会需求与学生发展需求，补充设计特色课程内容，如既要开设适合学生特点的职业生涯规划课程，又要注重设置适应民族教学特点的特色实践课程，增强他们的创新思想。在就业制度方面，针对不同民族大学生设计专门的就业培训与指导体系，强化个性化就业指导，结合民族特点指导不同民族大学生就业或创业，例如，加强民族政策、骨干计划研究生招生政策、民族地区或基层组织就业市场分析、创业就业政策优惠等方面的培训指导，帮助大学生制定合理的就业期望，并运用多种信息渠道依据大学生的个性需求推送适宜的求职信息，如定制推送民族地区选调生、大学生村官等基层就业实际岗位需求信息等。当然，除了建设针对大学生的特色制度，大学还需要通过宣传推广使广大学生充分了解并有效运用学校的相关民族性特色文化制度，让这些制度真正在促进人力资本积累和就业风险应对中发挥实际效用。

（四）社会层面：营造公平环境

无论是大学生人力资本积累、家庭文化资本的增值以及大学文化资本的提升，还是就业风险的防范与控制，除了需要大学生自身发挥主动性以及家庭与大学的联动外，还需要政府与其他社会各界的共同支持，营造公平的教育与职业环境，提供基本的环境保障，以充分发挥文化资本与人力资本在大学生就业风险中的双重驱动作用，积极应对就业风险。

1. 政府完善政策调控

大学生就业过程中，政府应当充分发挥人社部门、教育部门、财政部门等不同机构在就业上的多重联动机制，承担起规则制订、事务服务、市场裁判和公平维护的责任，利用宏观调控创造良好的社会环境，借助政策制定与运行对大学生自身及其家庭、学校、用人单位和市场等多方主体的相互关系进行调节，一方面直接促进大学生就业风险的降低，另一方面鼓励和帮助家庭文化资本与大学文化资本的强化与运用，促进大学生人力资本的积累，为应对大学生就业风险提供政策保障。

（1）促进家庭文化资本增值的政策调控：政府可以通过政策支持和引导调节文化资本积累与传承过程，促进大学生家庭文化资本的增值。

一方面，作为公共资源分配者，国家和地方政府基于财政资源的合理分配，需要进一步加大对教育、文化等基础建设的投入，促进处于职业阶层较低、经济状况较差或农村地区等相对弱势地位的家庭更好地利用政府公共文化资源，实现家庭文化资本的增值。具体包括：第一，完善公共文化资源的建设与使用，例如，建立和开放公共图书馆、美术馆、博物馆等文化场所，免费举办各种讲座或培训班，尤其是在农村地区建立便民学习机构，鼓励建立全民学习的学习型社会。第二，加强文化思想宣传教育，各级政府需要完善政策举措，深入实施文明创建与道德建设等工程，提升群众的思想观念与精神情趣。同时，采用不同方法开展各种形式的文化活动，营造人民群众交往交流的文化氛围，促进各民族交往交流交融，实现各民族在社会、经济、文化、生活与心理等方面的融合，提升群体的文化包容性与适应性，这有助于家庭和大学生树立积极向上的、符合主流文化理念的修养、态度、偏好或品位等。

另一方面，国家和地方政府还需要完善制度建设，注重科学保护各民族优秀传统文化，保障家庭民族性文化资本的传承与利用。具体包括：第一，促进民族性文化的制度化并实现价值增值。通过加强立法等制度建设，建立详细的民族文化传承人认定制度与民族文化资源评估制度体系，进行品牌授予，让这些知识与技能的价值得到官方认可，实现在经济价值上的增值。例如，适当松绑文化传承人身份认定，鼓励非遗文化传承人的申报，并加大对开展文化研究工作人员的奖励。在尊重和保护语言文字学习使用的基础上，将家庭和大学生所掌握的语言文字作为知识技能以证书形式制度化，并鼓励这种文化体制运用于民族特色创业活动中。第二，促进民族性文化资源的传承与利用。大学生家庭代际传承下的民族文化惯习与文化物品等，在就业中并未发挥显著积极效应，反而是具有"双刃剑"作用，在大学生文化能力积累和民族产业发展中具有明显优势。要发挥这些民族特色优势，政府除了需要进一步从资金、人才、场地等方面加大投入保护与传承民族性物质与非物质文化遗产，建立文化遗产示范基地促进传承，还需要在鼓励加大文化物品与活动保护力度的同时，将文化资源与旅游、精准扶贫结合，制定民族文化物品设计、制作与销售的相关优惠政策，支持民族特色产业的发展，鼓励民族性文化物品产业链的形成，实现文化保护传承与经济发展的结合。第三，建立民族性文化资本增值的社会环境。通过主流媒体引导各族群众在铸牢中华民族共同体意识的同时，正确认识各民族优秀传统文化也是中华优秀传统文化的重要组成部分，宣传文化保护传承的重要性，提高民族性文化保护与传承的全民意识，增强民族族群的文化自信和对不同民族文化的包容性，同时让民族文化获得社会的认同，并客观对待它们在劳动力市场上创造价值的可能性，为家庭民族文化资本增值创造良好的社会环境。

（2）促进大学文化资本提升的政策调控：大学文化资本的提升与内化也需要政府发挥教育部门等相关部门的政策调控作用，以促使大学生能够真正地感受大学所传递的优质文化资本并实现有效的转化。

进一步深化改革高等教育体制与结构，让大学生有更多的机会感受更丰富的大学文化资本并实现价值内化。第一，调整高等教育的层次或科类结构等。有效配置高等教育资源，规范高等教育的拓展速度和提升高等教育质量，结合劳动力市场需求改革高等教育，注重引导高等教育依据劳动力市场需求适当调整，加强应用型高校建设和高校专业调整，推动大学生专业学习与市场需求的平衡与协调，并增加这类高校对学生的招生计划。第二，优化高等教育区域发展格局。通过政策倾斜扶持民族地区高等教育的发展，既要加大经费投入在欠发达或民族地区创办和新建更多不同类型的高校，如发展高等职业技术教育、社区高校等形式，鼓励开展民族药学、唐卡绘画、民族舞蹈、民族工艺品制作、餐饮制作等技能型教育，又要结合现代教育手段保护和传承传统文化，充分发挥民族性文化能力教育在地方建设中的作用，同时还要以政策支持鼓励知名高校到欠发达地区或民族地区开设分校，逐步优化欠发达地区或民族地区的高等教育结构。

（3）促进大学生就业的政策调控：促进大学生就业，需要政府多方位的行政调控与市场引导相结合，实现劳动力市场均衡发展，激发劳动力市场活力，消除就业偏见，引导就业偏好和保障就业权益。

首先，完善经济政策，激发市场活力。第一，促进经济结构调整，改善经济结构。深化国有企业改革，大力发展混合所有制经济，支持中小微民营企业发展，鼓励扶持发展民族文化产品生产等民族特色民营企业，带动劳动力市场活力。第二，推动产业结构的优化升级，尤其是落后地区的产业结构升级。加大第三产业投入，实现劳动密集型产业向高新技术产业、服务型产业转变，促进经济健康平稳发展。对大学生就业具有主要吸纳力的民族地区虽然经济发展相对缓慢，但利用民族地区自然资源优势，积极发展与民族文化产业相关的旅游、餐饮、工艺品制作等第三产业，带动特色中小微企业的发展，能够创造更多的就业空间。第三，缩小地区经济差距。中央与各级部门需要继续支持民族地区经济发展，增加民族地区的公共财政收入，并投入教育和文化设施建设等方面，缩小民族地区与其他地区的经济差距，帮助家庭及其大学生子女获得均衡性的教育与就业资源。第四，发展民族地区地方经济。除了加大民族地区财政投入，民族地区经济发展不能仅依赖输血式扶持政策，更应增强民族地区自我发展的能力。要加大民族地区交通运输体系的建设力度，进一步完善民族地区基础设施建设，增强区域的快速可达性，促进与其他区域的人员、物质与信息等方面的迅速流动，促进当地经济发展与劳动力市场活力。

其次，完善制度建设，消除就业偏见。第一，改革人事档案与户籍制度，消除城乡、地域、民族、性别的就业偏见。目前的人事管理制度依然对档案和户籍流动存在一定限制，严重阻碍了先就业再择业理念的真正实施，有必要进一步放开人才流动的限制，打破人才流动的壁垒，将人事制度改革与市场经济发展协同，创造更加自由的人才迁移环境。通过完善人事制度、户籍制度和社会保障制度等，缩小不同区域之间的发展差距，统筹城乡之间、民族地区与其他地区之间的协调发展，真正实现公务员、事业单位、职工与城镇居民的社会保障统一，促进社会择业观念的转变，促进人才在不同区域之间的广泛流动。第二，完善平等就业的相关法律与制度，强化就业歧视的执法监督。尽管目前的法律法规中已经规定劳动就业不得有宗教信仰、性别等方面的歧视，但执行与处罚条例并不明确，需要通过劳动法、劳动合同法等就业相关法律制度中完善反性别歧视和民族偏见、差别影响歧视的界定与操作，建立平等就业的责任义务、奖励制度与惩罚措施等，加大就业歧视方面的执法监督力度。第三，建立适应大学生人力资本积累的制度体系，提升大学生多元化异质性人力资本在劳动力市场上的适应力与生产力。完善民族地区人才选拔机制，政府事业单位在人才选拔考试内容中适度增加与民族文化相关的知识内容，将民族地区文化多样性纳入选拔指标，既能激励文化继承与保护，又能在就业市场中对大学生的选拔起到引导作用。同时，人才评价机制中可以考虑纳入民族性文化知识技能，并适当为拥有特殊民族性文化知识技能提供更多的就业岗位，并让这种民族性文化知识得到充分的价值转化。民族特色人力资本的价值评判制度既体现了对民族文化的尊重，也有助于优良文化的传承与发扬。

再次，完善利益激励，引导就业偏好。建立大学生人才回流返乡创业就业与家乡以外区域就业双向流动协调机制。第一，通过政策优惠加强创业引导，营造良好的创业环境。尽管国家和地方政府已经出台了许多创业优惠以及鼓励政策，大学生创业教育力度也越来越大，但大学生思想普遍偏向保守，需要进一步深入引导。政府从政策层面提供免费的创业咨询、培训，加强创业教育和创业能力提升，加大对大学生自主创业的资金、审批、税收与市场准入等方面的支持力度，建立法律法规维护大学生创业的基本权益，建立创业项目公共服务平台，为大学生自主创业提供项目风险评估、融资担保、技术支持与市场开拓等方面的扶持，尤其是鼓励具有特殊文化专长的大学生进行民族特色产业的创业活动，如民族音乐、手工艺品制作等，引导更多的大学生自主创业。第二，引导大学生基层就业或返乡就业。加大基层就业、农村就业与中西部边远艰苦地区就业创业的鼓励性政策优惠，政府应当提供更多的优惠政策，如增加基层、农村与中西部偏远艰苦地区行政事业单位中大学生录用比例，提升贫困地区就业的专项经费补贴，疏通职业晋升流动渠道，提高中西部地区就业待遇等，从编制解决、职业发展和经费支持等创造大学生基层就业创业的良好环境。第三，鼓励支持到非民族聚集区就业。基于户籍、档案和社会保障制度等的完善，鼓励政府企事业单位和中小微民营企业对大学生进行吸纳，给予聘用大学生的政府企事业单位适当的政策倾斜，如设置民族员工饮食等方面的津补贴，让拥有人力资本竞争优势的大学生树立到家乡以外区域就业的自信，并通过良好的回流通道实现未来可能的再回流。

最后，完善就业服务，保障就业权益。第一，加强就业服务平台的市场化建设，充分发挥市场在劳动力资源配置中的基础作用，同时规范人才市场中介服务的准入制度与行为规范，拓宽就业渠道，创造更加公开、透明的就业市场环境。第二，加强对就业网络信息服务平台的监管，规范劳动力市场就业信息发布、聘用等秩序，保障就业信息的客观、准确与有效性。进一步完善劳动合同与劳动者权益保护相关的法律制度，建立社会诚信体系，为大学生就业提供免费的劳动维权服务，保障就业劳动关系与就业手续等合法合理，解决大学生就业的后顾之忧。第三，建立与完善高质量的"政府—单位—高校"三位一体的全国统一的大学生就业信息网络大数据分析与监测系统平台。教育部于 2022 年已正式推出"国家 24365 大学生就业服务平台"这一大学生就业服务、指导与管理综合性平台并全面推广使用，但具体运用还需要在使用中逐步完善，如实现所有相关就业网站信息的整合连接和互联互享，提升各级各类高校促进系统平台运用的数字化能力。在就业信息监测上，还需要监管用人单位就业信息发布的真实性，完善高校毕业生就业数据披露的客观性，如通过细化高校就业状况发布的具体结构内容，规范高校就业状况公布制度，明确实现真实纯粹的高校就业状况披露。

2. 其他主体协同合作

除了政府政策调控的作用外，用人单位、社会媒体、中介机构等社会主体在积极应对就业风险中也发挥着各自的作用，需要这些市场主体协同合作，共同助力营造公平公正的社会环境。

首先，用人单位应建立公平的竞争机制，营造良好的用人环境。规范用人机制，建立员工发展长效机制。坚持以人为本、以员工发展为中心的用人理念，制订规范透明的职业晋升制度与薪酬制度。在注重全体员工发展的同时，关注和考虑员工在饮食、风俗习惯等方面的特殊需求，完善员工培养制度与培养计划，树立包容性强的文化氛围，营造不同民族员工之间和谐共处的工作环境，帮助大学毕业生更好地融入工作环境，增强员工的归属感和企业向心力。

其次，社会媒体应发挥文化宣传作用，营造良好的职业舆论环境。除电视、广播等传统媒体外，还需加强网络新媒体的宣传力度，充分发挥网络直播平台、微信公众号等新媒体的文化宣传与舆论引导作用。第一，社会媒体应当正确发挥舆论导向作用，既要引导社会消除民族偏见，又要引导大学生建立积极健康向上的就业观。舆论媒体应当积极贯彻党的政策方针，在社会上引导铸牢中华民族共同体意识，正确认识中华优秀传统文化与各民族文化的关系，消除对大学生的不公平认识和民族偏见，树立公平公正的评判意识，引导社会各界尊重和客观对待大学生，破除以外貌或风俗习惯作为标准的偏见。第二，社会媒体舆论应当引导广大群众正确认识创业和基层、偏远地区就业，及时且有针对性地扩大就业政策宣传力度，让全社会了解各级政府对就业创业的各种优惠政策与扶持政策，正面引导积极宣传基层就业的观念，同时树立就业创业的典型案例，提倡对创业的理性对待，逐步引导大学生家庭及其个人改变追求一次性稳定就业的观念。第三，社会媒体还需发挥舆论监督作用，对用人单位在民族、性别、生源地、文化、宗教方面的不公平对待和侵害行为给予客观报道，实施监督，帮助大学生维护就业中的合法权益。

最后，就业中介机构完善服务功能，营造良好的供需双方沟通环境。在政府政策调控建立全国统一的大学生就业信息网络大数据分析与监测系统平台的基础上，完善社会组织主办的就业中介机构的服务功能，充分发挥就业中介机构在市场调节中的作用。第一，在信息服务方面，中介机构需要整顿和强化已有的信息服务功能，进一步改进与完善信息平台建设，除了线下供需见面会，还需要建立线上人才系统，利用信息技术与全国统一的大学生就业信息网络服务平台实现整合联动，同时加强对供需双方信息的监管，如对虚假招聘的单位给予禁止发布信息惩罚等，打造良好的供需双方交流沟通平台。第二，在培训或咨询服务方面，针对大学生就业进行针对性指导服务，深入大学进行人才测评、信息咨询、实习与就业推荐等配套服务，提供一对一线上就业指导，同时可以有针对性地与培训机构合作提供职业能力培训或咨询服务，如提供大学生创业培训、民间工艺或手工技术培训，以及相应的创业培训或咨询服务等，提升大学生的自主创业能力以及在职业中的适应力，降低其就业风险。

第七章　角色转换与心理调适

第一节　角色的转换

人的一生中担负着各种各样的角色，而学生角色和职业角色是大多数人一生中都会经历的。就大学生而言，从青青校园步入社会，由学生角色向职业角色的转换是十分重要的。由于角色转换过程中环境、条件、活动方式、社会关系等都出现了较大的变化，有些大学生没有做好充足准备，以至于刚进入社会就觉得不适应，感到难以胜任自己的工作，或茫然无措，或觉得自己被埋没了、心有不甘。这都涉及如何处理新的角色这一问题。

一、角色认识之校园到职场

（一）校园环境的特点

1.环境较单纯

校园里的学习、生活环境相较于复杂多变的社会环境来说，还是十分单纯的。我国的校园环境其实是一种经过加工的、秩序化的环境。为了更好地教育学生，根据我国现实和未来的需要，在学校环境里，按照学生身心发展的规律，有目的、有计划、有组织地进行教学活动，引导学生通过各种方式的学习获得知识技能、陶冶思想品德、充分发展个人的智力和体力。学校教育的最终目的是培养人，因此，从学校内的教学计划到教材、授课、布置的作业，从课内到课外，从班集体的组织到整个校园环境的布置，都是经过精心设计的。对于我国的高等院校来说，也是这样的。为了培育社会未来的建设者，学校对大学生的课程安排及日常管理，都是努力按照其心理发

163

展、学习方向来进行的。在大学期间，绝大多数大学生的作息时间是相当固定的，不会出现较大的变化。所以，校园生活是一种特定的、有秩序、有规律的生活。

2. 人群的相似性

在校园里学习的人群具有一种相同的特性，即大家都属于学生这个角色。对于学生来说，生活中最重要的是获取知识，对大学生也是如此。甚至可以说，大学阶段是人生中增长知识、发展智力、求学成才的最关键阶段。大学生的中心任务是努力学习以专业知识为主的多方面知识，培养以专业能力为主的各种能力。因此，这是一个接受教育、储备知识、培养能力的重要阶段。另外，校园环境里的人和事多是与学习生活相关的，处理起来也较为简单，不需要耗费大量时间和精力。

总之，校园环境往往只是社会环境的一个缩影，并非真实的社会生活全部，它是一个简单且规范的环境。

（二）职业环境的特点

刚刚走上工作岗位，大学生面临的是繁杂的职业环境，这个环境与校园环境存在很大差异。大学生从校园环境向职业环境过渡时，往往会有些不适应，或者是格格不入、难以接受。因此，大学生应及早了解职业环境的特点。

1. 职场的约束性

在职业领域里，组织在各个方面对职员都具有极强的约束性。任何组织都会有自己的规章制度，只有遵从规定或制度，才能被单位所接纳，否则便要受到相应的惩罚。比如，上班不能迟到，如果迟到了就会直接影响薪水、别人的看法等，而在校园环境中则没有如此明显。

2. 职场的复杂性

在校园里，学生可专心学习，只要自己付出了努力，就会有所收获，学生甚至可以"两耳不闻窗外事，一心只读圣贤书"。但在职场中，每一个人、每一个单位之间都可能会有着千丝万缕的联系，如果没有良好的人际关系，工作就很难开展下去。如果个人没有一定的人际交往能力、社会沟通能力、组织协调能力，就有可能付出了很多，得到的却很少甚至一无所获。在职场中，须熟悉和适应身边错综复杂的人际交往，要能够善于处理和协调同事之间的关系。

3. 职场的物质性

职业领域属于分配领域，相互之间利益相关。在当今社会，劳动还是人们获得生存发展的重要手段，人们通过职业生活既要成就自己的事业，又要养家糊口。工资、奖金的发放，都和个人利益紧密相关；个人职业的发展，每个人也在尽力追求，如选拔干部时，一个或几个名额，大家都想得到。在这种情况下，个人的努力都具有很强的功利性，对物质的追求也十分明显。

4.职场的责任性

校园生活中的很多活动一般不会直接转化为社会现实。比如说做作业是为了消化、巩固课程学习，演讲是为了训练口才和思维……这些错了不要紧，失败了也没有关系，可以重来。职业生活中则根本不同，比如，做园林规划时工程设计错了一个数字，其后果不堪设想。因此，职业生活要有高度的责任感和良好的职业道德。

二、学生角色和职业角色

不论是在校园里，还是在职业环境中，每个人都承担着不同的角色。所谓角色是指个人在一定的社会关系或组织中处于特定的地位和身份，并依此产生的社会行为和规范。学生角色和职业角色明显是不同的。

（一）学生角色

我国普通高校的大学生年龄一般为17～22岁，既是人生中增长知识、提高智力、求学成才的关键阶段，也是为将来进入职业领域打下坚实基础的重要阶段。在这个阶段中，大学生的中心任务是学习各种基础知识和相关的专业知识，学会能够比较客观理智地对待各种问题，掌握一定的观察、分析和解决问题的能力。总之，大学阶段是大学生接受教育、储备知识、培养各项技能的阶段。另外，在我国，大学生的经济主要来源还是父母。因此，大学生角色是在社会教育环境保证和家庭的资助下接受教育、培养技能，努力成为一个对国家、社会有用的复合型人才。

（二）职业角色

职业角色是指人们在一定的工作单位和工作活动中所扮演的角色。职业角色的扮演者有一定的职业和社会地位，具备一定的相关领域知识和技能，需要遵守职场上的各种规章制度，为所在的组织做出贡献，另外获得组织提供的各种报酬，经济独立。因此，职业角色是在某一职位上，以特定的身份，依靠自身的知识和能力，根据一定的规范展开工作，在为组织做出贡献的同时，获得相应的报酬。

（三）学生角色和职业角色的联系

人的一生可以分为三个阶段：输入阶段、输出阶段和淡出阶段。人们为了生存和发展，必须在就业之前学习各种知识和技能，为今后的就业、发展等奠定基础。在输入阶段，个人被输入大量的知识、经验和信息。其实在这个阶段，个人所扮演的就是学生角色。对大学生而言，学生角色从学龄 6 岁开始，到大学本科毕业接受整整 16 年的教育。第二阶段为输出阶段，即从业阶段，个人输出自己的知识、智慧、信息、劳动和服务。在这个阶段，个人扮演的就是职业角色，在职业角色里，个人真正进入为社会、为自己创造财富价值的时期。学生角色和职业角色是每个人一生都会经历和扮演的，但这两个角色不是截然分割，而是紧密相连成为有机整体的。在个人读书学习的过程中，也可以勤工俭学、参加社会实践，通过各种实践方式了解职业、职场，为将来真正进入社会做准备。特别是由于近几年来的就业形势不容乐观，许多大学生在四年里并不是单纯学习专业知识，而是有准备地进行各种实践，如利用暑期到公司企业里进行实习。个人在工作过程中，以输出劳动和服务为主，但随着时代的变迁和知识的更新，"活到老，学到老"的思想已深入人心，人们会在工作之余参加各种继续教育和再教育。总之，学生角色是职业角色的前提和基础，职业角色是学生角色的发展和归宿，两者紧密相连。

（四）学生角色和职业角色的区别

从学校读书到参加工作，个人所处的环境、活动方式、社会关系等都出现了较大的变化，对社会的认识和感受都有很大的区别，充分认识这些区别，对于尽快实现角色的转换会有较大的帮助。

1. 社会责任不同

学生角色的社会责任是在教师的教育下，努力学习，积极汲取知识能量，掌握各项技能，使自己德、智、体、美、劳全面发展，成为对社会有益的人才。大学生是以学习、探索为主，这个角色是一个接受教育、储备知识、锻炼能力的过程。职业角色的社会责任是以接受的职业去履行自己的职责，依靠自己的知识、技能为社会服务，完成特定的职业任务。作为职业人角色，必须适应社会，服从领导和管理，适应上级的管理风格和管理方式，在工作中犯了错误，必须承担一定的责任。两种角色责任的履行和产生的后果是不同的。学生角色责任的履行，主要关系到个人知识结构、知识深度以及个人能力。综合素质高，德才兼备，固然能够得到大家的认可和赞扬；责任履行得不好，学习成绩较差，老师会耐心地进行批评教育，家长也会十分关注此事。但在学校里，学生不会因为社会责任的履行较差而承担严重的后果，如经济、法律上的惩罚。学生成绩不好，考试不及格，甚至被留级，或者更为严重的，无法顺利毕业，拿不到毕业证书和学位证书，一般只是受到家长的责骂，或者是社会的评价，以及学校学籍管理的处理，和经济法律的处罚是无关的。而社会角色责任的履行，一方面，会影响个人价值的实现。在现今社会，团队合作、强调群体价值是大势所趋，好比搭台唱戏，如果其中有一人出错，在没有替换"新演员"之前，其他人的角色很难较好地完成。其结果是，其他人的误解不满、自己的愧疚、公司的惩罚纷至沓来，个人的荣誉、信心受到影响，甚至阻碍了个人价值的实现。另一方面，还会影响组织、行业的声誉。比如，企业员工决策失误，造成重大经济损失，会给企业的生产过程、直接利润和社会声誉造成不良影响。

2. 管理方式不同

学生的管理是按照国家教育的法律法规和学校的规章制度进行的，主要是从教育、培养的角度来规范、管理学生的行为，使其顺利成长。各高等院校均有自己的关于学生管理的规章制度，如学生宿舍管理条例、学籍管理条例等。在学生管理中，对学生的学习和行为提出要求，其目的是引导学生成才。学生在学习过程中，即使违反了教育的法律法规和学校的规章制度，一般也只使用行政手段来处理，以帮助教育为主，很少使用经济手段或法律手段来处理，除非学生触犯了刑律。而扮演职业角色的员工，组织要求员工严格执行劳动纪律、制度、行为规范、安全制度等，对员工在工作过程中出现错误、造成影响的，除了实行行政手段和经济手段来进行惩处外，若触犯刑律，还要对其进行法律制裁。如国家机关的工作人员，必须尽职尽责，克己奉公，严守机密，若玩忽职守、渎职、贪污受贿，都要受到纪律处分甚至是法律的制裁。

3. 人际关系不同

现代的人际关系，即人与人之间的相互交往关系。在校园里读书，人际关系较为简单，只是师生关系、同学关系。学生能否学好知识和技能，能否提高自身的素质和能力，主要取决于学生个人是否花了时间和精力在功课上。学生之间的竞争只是促进学习的手段，并未从根本上影响学生的利益。因此学生之间不存在太多的利益冲突，关系很单纯、很直接。在职场中，竞争是不可避免的，花了时间和精力在工作上，并不一定就会获得好的结果。而且，谁能在竞争中获得胜利，谁就可能获得提拔、重用，得到更大的利益。竞争的结果关系到利益的分配，因此在职业角色中人际关系是较为复杂的。

4. 对社会认识的内容和途径不同

学生是受教育者，校园又被称为"象牙塔"，学生和外界的接触不多。学生对社会的了解和认识主要来自课堂的学习，来自他人的描述，认识的内容大多是理论性的，所涉及的范围也有限。即使大学生通过各种途径参加社会实践，但由于各种原因，他们了解的社会也只是社会的一部分，所以学生对社会的认识的途径主要是间接的。这种间接的认识，使很多学生对社会的期望值很高，他们认识的社会是比较理想化的，有较为浓厚的个人色彩。也正是这种认识，使一部分大学生刚进入社会时，觉得很不适应，甚至很失望。职业人角色则是通过个人在工作单位中的亲身实践经历，来加深对社会的了解，认识的内容大多和本职的具体工作有关，是具体的、有实践意义的、比较现实的。

5. 角色权利不同

学生角色的权利主要是依法接受教育，并取得国家法律规定的资助和经济生活的保证，重点在于接受外界的给予。职业角色则是依法行使职权，开展工作，并在工作中获得报酬，即要求结合实际创造性地发挥水平，并在履行义务的同时获取报酬，重点在于知识、能力的运用和输出。

6. 面对的环境不同

作为学生，面对的环境简单而安静，往往是宿舍—教室—食堂三点一线的生活方式，校园气氛单纯宁静。平时学习时间可弹性安排，节假日时间较长，周六、周日可灵活安排，寒暑假时间机动性很强。课程学习上目标清晰，教师布置的作业按规定完成即可。而职业角色面临的环境往往是快速的工作生活节奏。在单位里，严格规定了上下班时间，不能迟到早退，节假日时间有限。多数老板比较独断，工作任务完成不到位或者出错，往往会面临老板较为严厉的批评。工作目标也很明确，但一切以经济利益为导向。

三、角色转换

由于学生角色和职业角色存在较大的差异，所以大学生步入社会后，须按照职业角色的相关要求来调整个人的思想和行为。角色转换期可长可短，有的一年半载，有的 1～2 年。虽然角色的转换不是一朝一夕就能完成的，但对大学生而言，转换期越短越好。因此，怎样用最快的时间、最小的成长代价来实现自己的职业梦想，是所有大学生面临的难题。

（一）角色转换的过程

角色的转换不是瞬间发生和完成的，而是一个渐进的过程。

1. 从思想上做好准备

大学生在校园中，主要是学习书本知识，较少接触实际，缺乏解决实际问题的能力，因而在工作的初始阶段，必然会遇到困难与挫折，且不能恰当自如地处理问题、高效地工作。我国大多数大学生在每年的 7 月离校，奔赴自己的工作岗位，但就业工作实际上从前一年的 11 月就开始了，前后有半年多的时间。在这段时间里，大学生通过各种方式寻找工作，参加各用人单位的面试，和用人单位进行沟通，通过双向选择来确定自己最终的职业方向。在这期间，通过自己的多方面了解，获得有关社会对大学生的期望等信息，根据这些信息调整自己的职业期望，以及自己的思想、心态，为就业做准备。

在进入工作岗位之前，应了解和职业相关的信息，对自己即将进入的工作岗位做详尽的了解，尽量减少就职后的心理波动，树立良好的心态。进入工作岗位后，当有负面的情绪出现时，应注意调整和控制，改善自身的心理状况，以乐观的精神面貌和勤学苦练的良好作风去面对它。另外，不管所从事的工作重要与否，都要有高度的责任心和事业感。

总之，大学生在工作中的业绩取决于他们的态度，而态度好坏又决定了在将来的职业生涯中是否能够获得成功。不管进入哪一家工作单位，大学生在思想上、心态上都必须做好准备。要充分认识到无论自己在学校里学业成绩多么优秀、社会活动能力多么强、家庭背景多么优越、有多大的雄心壮志，都必须以学习的态度、积极工作的态度面对自己的第一份工作，只有如此，才能够顺利地走向自己职业生涯的起点。

2. 从行动上做好准备

在毕业之前，应充分进行自我探索、自我定位以及自我调适，尤其是充分了解自己的兴趣、能力、气质、性格等。很多大学生在校园里学的专业在职场中运用得不多，甚至和工作完全无关。因此，在毕业之前，应学习和自己工作相关的知识。毕业之后，通过各种方式学习业务知识，学习如何提升个人的潜力。

在行动上要从小事做起，遵循"认认真真做事，踏踏实实做事，从小事做起"的原则。许多新员工是从最简单、最琐碎的工作开始自己的职业之路的。如果自视甚高，不愿意做这些小事，实际上很难真正从学生角色转入职业角色，也很难顺利融入组织，并获得同事、领导的认可。

在行动上还要积极主动，摆脱依赖心理。在学校生活中，有很多事情是事先安排好的，如上课的时间地点、课程的安排、作息时间等，这让很多学生习惯了按照别人安排好的时间、方法来处理问题。因此，刚入职场面对自己不熟悉的工作，很多大学生会手足无措，总是要问一问该怎么办，这种多学多问的方法固然没有错，但长此以往会出现依赖心理，所以要学会主动做事。所谓主动做事，就是不需要别人的提示要求，就能在工作中出色地完成工作任务。

总之，从学生角色向职业角色的转换中，个人的行动力十分重要，能否积极主动，能否从小事做起，能否善于总结经验教训，都关系到角色转换的成功与否。

（二）角色转换的障碍

大学生在角色转换的过程中，不可避免地会遇到困难、挫折和冲突，面对新的工作与生活环境、陌生的人际关系，必然会出现一些心理或生理上的矛盾与不适应，从而产生角色转换的障碍。

1. 自我封闭

校园里的关系是师生关系、同学关系，彼此之间不存在太多的经济利益冲突，很单纯也很直接。初到工作岗位，人际关系的性质有所改变，如何处理好与领导、同事之间的关系，如何与各种各样的人进行交往，是非常棘手的问题。个人在单位的工作经历、专业技术知识、工作水平绩效、人际关系都将对自己的未来产生重大的影响。刚刚踏上工作岗位的大学生因为没有充分的心理准备和人际交往的成功经验，当感觉到人际关系复杂、与人交往困难的时候，如果不能冷静、积极地面对，可能会因畏惧人际交往而陷入自我封闭的误区。这种自我封闭的心理会进一步影响人际关系的协调，影响对工作岗位的适应，使自己陷入更大的误区。

2. 眼高手低

眼高手低是大学生初入职场时容易出现的问题。刚毕业的大学生个人理想和主观愿望很高，不屑于从身边的琐碎小事做起，但由于缺乏实践能力和责任感，并不能胜任领导安排的工作。这种不愿从小事做起的现象在大学生群体中时有发生，在优秀毕业生群体中更是普遍存在。眼高手低现象限制了大学生进一步学习的机会，挫伤了大学生进步的激情，成为角色转换的重大障碍。

3. 心浮气躁

心浮气躁是大学生经常出现的问题。所谓心浮气躁，就是静不下心来，今天想干这项工作，明天又想干另一项工作，频频更换工作，不能踏踏实实去钻研业务、提高技能，而是三心二意、患得患失，经常出现不切实际的空想，梦想一夜暴富、一夜成名。凡事都得有个过程，刚毕业的大学生常常会好高骛远，心浮气躁，妨碍了角色的顺利转换。

4. 畏惧心理

大学生刚到工作岗位，既想面对竞争又害怕面对竞争，于是对竞争产生了畏惧心理。人在工作岗位上，避免不了要遇到各种各样的竞争，残酷的竞争既来源于组织外部，又来源于组织内部。大学生不喜欢传统的论资排辈，而是希望到一个鼓励竞争的环境，认为只有竞争才能体现公平，才会有脱颖而出的机会。然而，一旦真正面对竞争，大学生又往往心存畏惧，担心表现不好，害怕失败，害怕给领导和同事留下不好的印象。这种心理往往会使大学生在工作中放不开手脚，患得患失，缺少应有的朝气和锐气，从而影响大学生能力的发挥。

（三）角色转换的必要性

告别校园，走向社会，这是人生质的变化。能否在毕业之后尽快地从学生角色进入职业角色，对大学生而言是十分重要的。

1. 有利于尽快融入新的环境

走出学校的大门，走上工作岗位，在刚刚参加工作的这一年里，对大学生而言，到处是新环境，有很多新问题出现。在学校里，有了疑问，可以询问老师、同学，通过大家的帮助得到解决；但在工作岗位上，必须自己做出各种判断和选择。这些判断和选择需要实实在在的专业知识和过硬的本领，半点也不得马虎。在这种环境中，谁能够尽快地实现角色的转换，谁就能够尽快地融入新环境，愉快地度过适应期，独立地开展工作。绝大多数大学生能够很快地掌握自己的情况，做好角色的转换，但也有部分大学生由于各种原因，在一两年内都难以适应和胜任工作。因此，角色转换对大学生初入社会是很重要的。

2. 为今后的成长打下坚实的基础

俗话说"万事开头难"，即将走出象牙塔的大学生和刚刚参加工作的职场新人都希望自己能够在竞争日益激烈的职场站稳脚跟，希望能够在自己的黄金时期实现自己的职业梦想。然而，大学时期的高才生，未必能够成为职场上的明星；曾经在考试战场上所向披靡的常胜将军，未必能顺利地实现自己的职业梦想。只有尽快地将所学的知识和技能应用于实践，不断提高自己的素质和能力，尽快地熟悉职业规范，真正实现从学生角色向职业角色的转换，才能在激烈的竞争中脱颖而出，在工作岗位上展现自己的才华，做出成绩，为未来的发展打下坚实的基础。

第二节　调整心态适应角色

一、大学生职场角色适应中常见的心理问题

大学生在职场角色适应过程中，会由于主客观的原因出现心态波动或心理失衡的状况。了解大学生职场角色适应中常见的心理问题，有助于大学生更好地适应角色的转变。

（一）大学生职场角色适应中常见的不良心理

1. 角色认知偏差导致的角色不清

角色认知偏差最早形成于心理学的职业认同或身份认知，是指对特定身份感到困惑或没有足够认同的心理状态。角色不清是指角色扮演者或社会大众没有厘清某一角色的行为标准，不清楚这一角色应该做什么以及不能做什么。角色认知偏差是职业认同或身份认知还未形成，内心没有接纳所从事的工作，使自己不清楚如何进行角色扮演，导致角色不清。

造成大学生职场角色认知偏差的原因是多方面的。从社会来讲，在高等教育精英化时代，大学生是社会和时代的"宠儿"。随着我国高等教育大众化时代的到来，社会对大学生的定位由"社会精英"变成"普通劳动者"，社会对大学生过高的角色期待或错误低估使大学生难以摆正位置。从大学生自身来讲，理想化的工作期待、简单

化的角色自信使自己出现"无所不能"的错觉，当遭遇职场挫折后产生的低落情绪又使大学生产生"啥都不能"的自我怀疑。

2. 角色行为欠妥导致的角色冲突

角色行为欠妥是指在角色扮演中出现了不合适、不恰当的行为。角色冲突意为在社会角色扮演中，角色内部或角色之间发生了抵触、对立或矛盾，使角色扮演不能顺利进行。每一种社会角色都是建立在特定的行为模式基础之上的，角色扮演是否成功，取决于角色是否了解、领悟并遵循社会所赋予的角色规范去开展活动。角色不清容易出现角色行为欠妥的情况，致使角色之间或角色内部出现矛盾或对立，即角色冲突。

一方面，从学生角色转换为职场角色，如果大学生无法尽快熟悉本单位的制度与规则，不能了解本职工作的处置程序，就难以明确工作方法与步骤，可能出现角色行为欠妥的情况，导致角色冲突。这种冲突首先表现在其角色内部，大学生还未从既有的学生角色规范中走出来，新的职业角色规范也还处于学习之中，面临这种规范与角色的改变，大学生容易出现角色冲突。另一方面，由于角色的转变，职场中大学生所承担的角色与其在校期间所扮演的角色存在诸多差异，主要表现为职场所涉及的利益关系更丰富多样，多种角色之间不同环节上的角色期待不同，导致了大学生的角色冲突。大学生的角色冲突在其处理人际关系中表现得尤为突出。据了解，大学生最难适应的社会因素就是复杂的人际关系。

3. 角色准备不足导致的角色中断

角色中断是指一个人前后相继所承担的两种角色之间发生了矛盾。角色中断的发生是由于人们在承担前一种角色时没有为后一阶段所要承担的角色做好准备，或前一种角色所具有的一套行为规范与后一阶段的新角色所要求的行为规范有直接冲突。例如，大学生在校时并没有做好职场角色准备，毕业后不愿意工作，想继续依赖家庭，由父母抚养，就是一种角色中断。又如，前一阶段遵循的行为规范与后一阶段新角色所要求的行为直接冲突，如一人在人事变动时，认为自己能够当上领导，但遗憾没能如愿，不能接受自己依然是一个普通职员的现实，这也是一种角色中断。

一方面，现在不少大学生"从家门到校门"，独立性较差，依赖性较强。毕业后在进入新角色之前，他们尚未做好充分的准备，成家立业、恋爱结婚、身体健康、购房还贷等一系列问题使其应接不暇。另一方面，大学生的心理年龄普遍滞后于其生理年龄，造成了一定的心理延缓期，也相应延长了大学生职场角色的准备期。这些都导致大学生对新角色的适应能力相对薄弱。由于没有充分准备，不少大学生在角色转换期间出现角色中断，不能很快适应职场角色。

（二）大学生职场角色适应中常见心理问题的表现

大学生在职场角色适应过程中面临着角色冲突和转变，在家长期盼、自我期待、同伴比较的多重因素交织下容易出现心态失衡的现象。大学生职场角色适应过程中常见的心理问题有以下两种表现。

1. 自我认知偏差

自我认知是基于个人对自己的理解和观察而做出的自我评价。自我认知偏差会导致个人对自己的评价不妥，并使个人的行为失衡。大学生职场角色适应中的自我认知偏差主要包括自负和自卑。

（1）自负：有些大学生自以为进入职场有突出优势，如在校期间成绩优异，自身条件优越，担任过学生干部，在校期间受到的肯定评价远多于负面评价等，这些因素导致其过于自信，产生自负心理。这种心态的大学生充满傲气，对自己的期望过高，自认为能胜任所有工作，对职场困难准备不足。

（2）自卑：一些大学生由于主观原因出现了自卑心理，如外貌一般、专业课程与技能不足、沟通与表达能力不强、心理压力较大等；有的则因社会关系有限、院校知名度不高等客观原因导致自卑。在自卑心理的影响下，大学生在职场角色适应期间不敢展示自己，自信心不足。

2. 就业认知偏差

就业认知是对求职就业的观点和看法，大学生社会阅历不足、自我期待过高、家人观点的影响等可能导致就业认知偏差。就业认知偏差主要包括自我定位不准、盲目择业和非理性看待他人。

（1）自我定位不准：大学生在校期间接触社会的机会不多，对行业、职业、岗位的认知相对有限。不少大学生仅从个人的主观愿望和期待出发考虑职业选择，对时代大势、行业趋势、社会需要衡量不足，对自己的能力和素质能够给公司创造多少价值也没有理性思考。这就导致大学生求职时想去的单位并不一定想要自己，想要自己的单位未必是本人看得上的，增加了职场角色适应的难度。

（2）盲目择业：有的大学生没有认真思考就业对自己发展的意义，看到好友进入某一公司，也跟随同伴的步伐进入同一家公司；有的大学生眼看临近毕业，就索性先签约一家企业，签约之前对企业并没有进行充分全面的了解；也有一些大学生仅因为眼前的薪酬待遇就做出就业选择，没有考虑长远的发展。这些盲目择业的大学生在职场角色适应中会遇到很多困难，影响自己的职业生涯发展。

（3）非理性看待他人：有些大学生在职场角色适应过程中不能正确看待他人，产生依赖和嫉妒心理。①依赖：有的大学生毕业前的所有事情都是父母包办的，"等、靠、要"的思维使这部分学生不愿意主动思考岗位职责和职业发展，也畏惧离开父母独自面对社会竞争。较差的独立性使其缺乏主观能动性，希望其他同事能帮助自己解决问题。②嫉妒：有的大学生在职场角色适应过程中屡屡受挫，但与自己同期入职的其他同事已经理顺工作并有所收获，就会心生嫉妒。嫉妒让人不能理性地分析事情成败的原因，其滋生的敌视、排斥心理既不利于维护良好的人际关系，也会对职场角色适应时的状态造成负面影响。

二、大学生职场角色适应中常见心理问题的应对

（一）端正职场心态，进行精准的自我定位

针对职场角色不清的问题，大学生应端正职场心态，通过准确的自我定位明确能做什么、应该怎么做。在进入职场前，大学生应该对自己的职业性格、综合素质、职业兴趣、知识结构等进行客观理性的评估。借助多种方式对自身拥有的就业条件进行全面的分析和梳理，根据评估反馈结果把"我想干什么"的片面之词调整为"我能干什么"的精准定位，并不断完善能力结构，为顺利进入职场做好准备。

大学生的就业期待不能仅以工作环境是否舒适、薪资待遇是否丰厚为衡量标准。新时代，各行业需要服务国家高质量发展，助力实现全体人民共同富裕。国家和社会的需要是自我实现的基础，大学生应将小我融入大我，正确看待个人期待与国家发展的关系，做到爱岗敬业、争创一流、艰苦奋斗、勇于创新、淡泊名利、甘于奉献，职业发展才能有稳固的支撑。

进入职场后，大学生要珍惜首次就业的机会，放下所谓"天之骄子""少爷""公主"的身份，虚心向在工作岗位上沉淀多年，具有丰富实践经验和专业知识的领导、技术人员、同事学习，在学习与实践中不断完善自我。就像每一位将军都是从士兵逐步得到提拔一样，每个职场人也都需要从基层做起。面对初入职场时打杂性质的事务和琐碎的工作，大学生要端正心态，坚信人人都能做的工作也能看出真本事，做琐碎

的工作同样可以出彩。

（二）提高心理素质，学会控制不良情绪

职场中难免会遇到不如意的时候，职场人需要学会控制自己的情绪，大学生同样需要提高心理素质，学会处理工作中遇到的不良情绪。大学生在毕业前应该树立正确的就业观念，理性看待理想与现实的关系、个人发展与社会和国家需要的关系；结合职业目标提升个人能力，避免出现角色中断的现象。

随着经济结构调整和产业优化升级，各行业的竞争日趋激烈。大学生需要增强竞争意识，面对职场中的良性竞争时学会乐观面对，懂得合理竞争是企业发展、自我提升的契机，要不惧竞争，善于竞争。同时，在工作中要善于结合自身特点及优势让自身价值得以发挥，在被人认可的过程中坚定信心，避免情绪失衡。

当然，情绪波动和低落是难以避免的。当处于情绪低潮期，要学会使用心理调节方法让自己尽快克服不良情绪。可以使用的方法如下。

（1）宣泄法：当在工作中遇到困难产生不良情绪时，将其压制在内心不能解决问题，要借助适度的宣泄方法缓解情绪，既可以找信任的人倾诉，也可以通过看电影、听歌、运动、看书等方式排解心中的不良情绪，只有情绪真正被宣泄出来，内心才会得到放松。

（2）自我激励法：既然职场中偶尔的失意在所难免，那就学会做好应对的心理准备，不用惊慌失措，学会积极面对并找出问题的症结，制订可行的对策，鼓励自己，不断为自己加油鼓劲，运用正能量抵消挫败感。

（3）借助外力：当不良情绪积累过多或者遇到的打击和困难较大，自己不能调节的时候，就需要借助外力。可以向同学、家人、朋友、老师或心理咨询机构寻求帮助，利用专业的心理辅导克服消极情绪。

（三）增强抗压能力，正确面对挫折和困境

职场中，职场压力是每个员工都要面对、无法回避的现实。当压力不可避免时，学会妥善应对才能使职业生涯更为顺利。大学生可以从以下方面入手增强抗压能力。

主动进行心态调整，用乐观的立场面对压力。保持平和的心态能够在减轻压力的同时，更理智地处理和应对工作中的各种问题。尝试以适当的心理暗示鼓励自己：刚入职，工作压力大、困难多是正常情况，多看到自己的进步，学会自我肯定，用升华法转移压力，用成功的体验激励自己；面对未知的结果，以"有意义、有经验的失

败"比"简单的成功"更有价值安慰自己，让内心得以平静，起到心理补偿的作用。即使结果不尽如人意，也要试着学会以诙谐的方式看待和减轻压力。面对烦琐的工作，大学生入职后还应学会着眼全局，不过分纠结细枝末节。

大学生应认识到工作中的挑战和危机也是转机，遇到的压力有些是自身能力不足产生的，这时转变观念就十分重要，处置问题的过程就成了增强能力、成长发展的难得机会。同时，工作中的压力部分是由时间紧、任务重导致的，这就要求大学生做好时间管理，在具体事务中分清轻重缓急，先完成既紧急又重要的工作，减轻工作中的紧张感和焦虑感。另外，大学生要养成锻炼身体的习惯。一方面，强健的体魄能够使自己以更饱满的精神面貌投入工作；另一方面，在健身的过程中也能释放压力，让自己身心愉悦，从容应对压力和困境。

第三节　提前做好入职准备

一、提前做好入职准备的意义

大学生步入职场，由学校到社会、由学生到职场人的变化，是人生中的一次重要的跨越和转变。提前做好入职准备能够帮助大学生认知职场环境，减少由环境改变带来的紧张和焦虑；帮助大学生提前了解企业文化，使其更快地适应企业氛围和工作节奏；有助于大学生提前熟悉工作内容，在岗位认知的基础上更早关注即将面对的工作，入职后能更早发挥自己的能力；有助于大学生尽早了解工作中将要接触的同事、团队和工作角色，便于更快地融入团队，提升兴奋度；帮助大学生端正自身的态度、观念和行为，更好地应对环境压力，尽早确定奋斗方向和职业目标。

基于大学生的职业发展和企业对大学生的要求，大学生可以从认识企业文化、树立良好心态、注重能力提升三个方面做好入职准备。

二、认识企业文化，夯实入职准备的基础

大学生不仅要具备职业所需的知识与技能，还需拥有适应企业管理制度的素质和

能力，即能够适应企业文化。认识并学习企业文化是大学生的必修课，如果在正式入职之前就对用人单位的企业文化有所了解，在认知的基础上认同企业文化，大学生就能更快地适应职场生活，在职业发展中获得更多的机会。以下将着重阐述学习企业文化的功能及其对大学生提出的要求。

（一）企业文化的功能

1. 导向功能

企业文化是企业员工共同的追求和精神价值，对员工有着强烈的感召力。这种感召力可以把企业员工引导到企业目标上来。导向功能一般在企业文化形成的初期就已经存在，并长期影响着员工始终如一地为实现企业目标而奋斗。

2. 约束功能

企业文化体现着企业的行为准则，对职工具有规范与约束作用。在特定的文化熏陶和指引下，如果组织成员的行为方式与企业文化所倡导的内涵一致，就会受到肯定和称赞，从而在心理上获得满足与平衡；反之，就会产生挫败感和失落感。因此，作为组织的一员，通常会自觉遵循那些根据全体成员的根本利益而制订的行为准则，自觉规避那些影响个人形象、有损企业集体利益的行为。

3. 凝聚功能

美国著名学者凯兹·卡恩曾指出，社会系统中把个体凝聚起来的不是生物力量，而是心理力量。社会系统是基于人们的信念、态度、动机及期望等形成的。企业文化通过无形的语言和力量沟通协调企业中人们的思想，使企业成员得以在统一思想的指引下，产生对企业准则、目标、观念的"认同感"和成为企业一员的"归属感"。同时，企业文化的影响使员工产生对本职工作的"自豪感"和对企业的"责任感"。"认同感""归属感""自豪感""责任感"的形成，将使企业在日常行为和目标实现的过程中充满凝聚力和向心力。

4. 激励功能

激励是个体在外部刺激下，产生奋发进取、情绪高昂的效应。激励理论认为，激励的目的是使个体的行为得到重视和肯定，使其愿意为实现组织目标而努力。在"人人都被重视、个个得到尊重"的企业文化影响下，任何一个心理健全的成员都会备受鼓舞、充满斗志，为了进一步发挥个人的才能而锚定下一个目标，并以饱满的热情继续新的行动。

（二）企业文化对大学生的素质要求

企业文化对大学生的职业发展有着重要影响。大学生要把企业文化作为必修课，将企业文化吸收内化为个人素质。尽管各企业文化在内容表述上有所不同，但在绚丽多彩的企业文化世界里，有着很多共同的内核值得大学生汲取。

1.良好的行为习惯和纪律意识

细节决定成败，不良行为习惯一旦养成将很难改变，这些不良行为习惯会在很多关键时刻被放大，甚至起到决定性作用。大学生在校期间就应从小事做起，养成良好的行为习惯，包括但不限于按时上课、文明礼貌、不在公共场合抽烟等，否则可能在职场上付出不小的代价。

"不以规矩，不能成方圆"，每个企业都有规章制度。大学生要想在企业中得到认可，就要了解企业各项制度，学会守规矩、按制度办事。企业制度有别于校园制度，校园制度趋向于教育引导和以人为本，企业制度则更强调企业利益导向和强制执行；企业也不同于学校，违反了企业的纪律可能让企业遭受损失，个人需要为违规行为承担责任；企业在制度执行上也比学校更加严格。大学生在校期间就要增强纪律意识，遵守各项规章制度，服从管理。

2.强烈的敬业精神和责任意识

员工和企业领导都是企业的主人，是企业文化的主体。每个企业都希望员工有敬业精神和责任意识，这不但是企业追求经济利益的需要，也是员工对事业忠诚的表现。事实上，敬业精神和责任意识同样是企业员工取得个人成长和职业发展的重要素质，是实现个人提升、企业发展、国家和社会进步的有力精神支撑。可以想象，一个不思进取、没有责任感的员工，能为企业发展做多大的贡献？同样，如果所有企业都没有敬业精神和责任意识，国家和社会也将毫无活力，缺乏创造性。大学生要从点滴做起，勤奋刻苦，对每一件事都认真负责。

3.强烈的进取精神和创新意识

提高员工素质是企业文化建设的中心任务。企业文化中一般具有向上向善的内核与品质，企业员工要不断追求进步以提升个人素质，在企业文化建设中形成学习共同体，打造项目化团队，调动员工的积极性和进取精神，以多种方式激发企业活力，促进企业发展。

企业要通过创新驱动发展，运用新的管理模式和生产方式激发企业创新活力，在激烈的竞争中占得先机。大学生要培养进取精神，努力学好专业知识和技能，借助实践探索为企业做出贡献，利用所学知识实现产品与服务的创新。

三、树立良好心态，抓住入职准备的关键

（一）大学生入职前应树立的心态

在进入职场前，每个大学生都对职场生活充满了渴望、憧憬和期待，想要在工作中有所建树，取得成绩。为此，大学生在入职前要树立良好的心态，为职场顺利启航做好心态上的准备。

1. 积极上进的心态

工作中的困难、挑战在所难免，大学生应该对在职场中可能面对的困难有足够的心理准备，以昂扬的斗志和不懈的追求去创造价值，不因一时的艰难险阻而泄气，用拼搏为职业梦想插上翅膀，用奋斗为职场书写华丽的篇章，始终追求上进，力求让自己在为组织服务的过程中变得更好。

2. 吃苦耐劳的心态

在职场中面临着竞争，面临着优胜劣汰，如果在工作中贪图安逸，那么势必被激烈的竞争所淘汰。相反，如果能够在任何时刻不怕苦，把企业的利益摆在个人利益前面，当别人退缩时敢于挺身而出、迎难而上，在企业需要的时候敢于站出来，就会得到更多肯定和机会。大学生要在入职前养成吃苦耐劳的秉性，做到不怕脏、不怕累。

3. 勤奋踏实的心态

只有在勤奋劳动中才能获得自身发展的机会。勤能补拙，工作中保持勤奋能够更快地弥补自己的短板和不足，得到领导和同事的认可。踏实就是在工作中老老实实，一丝不苟，认真细致，绝不含糊，按照企业的要求开展工作，不打折扣。大学生在工作前应培养勤奋努力、踏实工作的心态，树立始终为企业积极付出的观念。

4. 敬业奉献的心态

我国职业道德的内容包括爱岗敬业、诚实守信、办事公道、服务群众、奉献社会。大学生入职前要领会职业道德的内涵，保持对工作的热爱，懂得人生的价值和真谛在于奉献。将职业发展融入国家发展，为全面建成社会主义现代化强国、实现第二个百年奋斗目标奉献自己的力量。

5.团结合作的心态

大学生在入职前要树立良好的合作意识，懂得同事之间虽然存在一些竞争关系，但更重要的是合作。个人和企业在根本利益上是一致的，每个人的成长都会壮大企业的力量，企业的壮大又会促进个人的成功，企业与个人形成良性的互动。大学生在入职前应该认识到事业的成功不是靠个人的单打独斗，而是靠团队合作，相互促进、共同进步。

（二）大学生入职前应规避的心态

大学生在入职前除了要具备以上心态之外，还应克服和规避一些投机取巧、不利于自己职业生涯发展的心态，包括但不限于以下几种心态。

1.华而不实的心态

企业需要的是踏实做事的实干家，不是阿谀奉承的空谈者。大学生在入职前需要树立表里如一的心态，而不是当着领导一套，背着领导一套。在领导面前高谈阔论，在实际工作中没有行动、毫无作为，所做的与所承诺的相去甚远，是极不可取的。大学生在入职前一定要避免华而不实，向行业的优秀人物看齐，以实际行动赢得企业的认可。

2.拈轻怕重的心态

大学生在入职前要克服畏难情绪，在接受任务安排时不能拈轻怕重，避难就易。对基层一线的苦活累活脏活，想方设法回避，或者尽可能少做，只选择容易的事情完成，这不仅对能力提升没有帮助，而且会在职场中形成不能担当、难堪大任的形象，对大学生的职业发展是极为不利的。

3.好高骛远的心态

大学生入职前要树立从零开始的心态，即步入职场就是一个需要学习和成长的新人，应从头做起，学习同事的经验，不能因为接受了高等教育就不愿意到环境和待遇相对较差的岗位工作。大学生要避免眼高手低，如果看似普通的工作不愿意做，光鲜体面的工作又没有能力胜任，自命不凡但能力不足，那么职业发展将遭遇很多困难。大学生要放下身段，找准自己的位置。

4.消极逃避的心态

消极逃避即遇到问题不想办法、不主动面对，花尽心思找客观原因，尽可能与自己撇清关系。大学生在入职前要极力规避此种心态，即使在工作中出现失误，也要想办法改进和完善，事后做好总结和复盘也是一种成长和进步；面对领导和同事的批评要虚心接受，明白"忠言逆耳利于行"的道理，避免出现由于一丁点儿的挫折就辞职的极端做法。

5. 患得患失的心态

如果过于在乎得失，甚至不惜牺牲一切代价追求个人利益的最大化，终将被用人单位所摒弃。大学生在入职前要学会辩证看待得失，在单位里、集体中不要过于看重个人得失，不能锱铢必较、斤斤计较，更不能因为单位一时没有满足自己的期望和诉求而消极怠工。大学生需要明白辛劳是成功的基础，不要过分纠结"别人应该怎样对你"，相反，应该全力做好"你应该怎样对待别人"。

四、注重能力提升，夯实入职准备的基石

大学生在入职前应结合岗位需要进行知识和能力的查漏补缺，进行能力的提升。基于多数企业的需要和大学生入职后的体会，可以着重从岗位专业知识和能力、人际沟通能力、团队协作能力三个方面进行补充与提升。

（一）岗位专业知识和能力

如模块一所述，职业能力包括一般职业能力和专业技能能力，基于岗位的知识和能力是指完成特定岗位所需要具备的能力，属于专业技能能力。例如，大学期间汽车专业的学生毕业后从事汽车销售工作，大学的学习使该生已初步掌握了与汽车相关的专业知识，要做好销售工作，该生还需要学习与营销相关的知识和技能。

提升岗位专业知识和能力的方法有很多。首先，要加强自我学习。大学生在校期间，除了学好专业课程以外，还应扩大阅读面，增加知识积累。课余时间多聆听学校组织的讲座，在专家学者的启迪下了解职业发展趋势，明确学习努力的方向。其次，积极参与社会实践，在社会实践中承担某项具体的工作能够启发职业发展，帮助大学生对入职后面临的工作情境、需要的能力进行深入思考，在此基础上有针对性地进行知识的学习和能力的提升。

（二）人际沟通能力

人际沟通是个体与个体之间以实现信息内容共享、达成意见统一为目的，让信息通过一定的媒介在彼此之间交流与传递，促进信息传递双方达成共识并付诸行动的过程。

提高人际沟通能力要学会耐心倾听。在对方表达观点时不打断，主动规避外界打

扰，将注意力集中在对方及其所表达的观点上，以适合的方式表达愿意倾听的意思。职场沟通也要学会察言观色：当领导忙于其他事务时，不要着急沟通，选择在他的空余时间进行；当领导精神愉悦时，借势表达自己的观点和想法。同时，简单清晰的表达能够让信息接收者准确意会，沟通中要尽量多使用简单明了的表达。恰当地使用非语言沟通也能增强表达效果，如语调变化、面部表情、肢体语言等都能传达情感和沟通意图。

大学生要抓住各种平台和机会锻炼表达和沟通能力，小组的工作汇报、例会发言、单位举办的演讲比赛都是提升人际沟通能力的机会，作为职场新人应该积极参加。

（三）团队协作能力

团队协作能力是指在团队建立的基础上互帮互助，发挥团队精神，使团队工作效率最大化。对团队成员而言，不但要具备个人能力，还要具备在不同岗位上各尽其能，与其他成员协调合作的能力。

要提升团队协作能力，首先，大学生要培养主动承担的意识，在职场中自觉践行社会主义核心价值观，面对工作主动思考，当团队有急难险重的任务时要勇敢站出来。其次，培养全局观念，考虑团队整体的发展和需要，在工作推进中做到全局性谋划、前瞻性思考、整体性推进。再次，培养合作与宽容的品质。当团队成员出现纰漏或失误时，本着求同存异的原则，避免相互抱怨，从相互理解和扶持的出发点一起面对。最后，培养信任与尊重的品质。大学生要与团队中的其他成员相互理解，认真倾听他人的观点，尊重他人为团队所做的贡献。

第四节　职场适应

随着高等教育的普及，大学生就业问题日益受到社会关注。大学生从校园步入职场，面临着诸多挑战和转变，如何顺利实现职场适应成为他们职业生涯发展的关键环节。职场适应不仅关乎大学生在新的工作环境中站稳脚跟，更影响着他们未来的职业成长和发展。深入探讨大学生就业的职场适应问题，具有重要的现实意义。

一、大学生职场适应的重要性

（一）个人职业发展的基石

良好的职场适应能力是大学生开启成功职业生涯的钥匙。初入职场，快速适应工作环境、工作内容和工作要求，能够使大学生尽快进入工作角色，提升工作效率和质量。这有助于他们在工作中获得成就感，建立自信心，为后续的职业晋升和发展打下坚实的基础。如果不能顺利适应职场，可能会导致工作绩效不佳，职业发展受阻，甚至可能产生职业倦怠，影响整个职业生涯的发展轨迹。

（二）企业人才培养的需求

对于企业而言，新入职的大学生是新鲜血液和未来发展的重要力量。大学生能够快速适应职场，更快地融入企业团队，为企业创造价值。企业在招聘大学生时，不仅看重他们的专业知识和技能，也关注其职场适应能力。具有良好职场适应能力的大学生，能够更快地理解企业的文化和价值观，遵守企业的规章制度，与同事建立良好的合作关系，从而提高企业的整体运营效率和团队凝聚力。

（三）社会稳定与发展的保障

大学生是社会的重要组成部分，其顺利实现职场适应对于社会的稳定和发展具有积极影响。大学生在职场中找到合适的位置，实现自身价值，不仅能够减轻就业压力，也有助于促进社会人才的合理流动和优化配置。同时，职场适应能力良好的大学生能够在工作中积极进取，为社会创造更多的财富和价值，推动社会经济的发展。

二、大学生职场适应的主要方面

（一）工作环境适应

1. 物理环境适应

新的工作场所的布局、设施等物理条件与校园环境差异较大。大学生需要学会在不同的办公空间和设施条件下开展工作，如适应写字楼的格子间办公环境、熟练使用办公设备等。

2. 人际关系环境适应

职场中的人际关系更加复杂多样，与校园中单纯的同学关系和师生关系有很大不同。大学生要学会与不同年龄、背景、性格的同事相处，建立良好的合作关系。同时，还需要正确处理与上级领导的关系，理解和遵守职场中的层级制度。

（二）工作内容适应

1. 专业知识与技能应用

虽然大学生在学校积累了一定的专业知识和技能，但职场中的工作往往对这些知识和技能有更高的要求。他们需要将理论知识与实际工作相结合，不断提升自己的专业实践能力，以满足工作任务的需要。

2. 工作流程与规范适应

每个企业都有其特定的工作流程和规范，大学生需要了解并遵守这些流程和规范。例如，熟悉项目的申报流程、文件的审批程序等，确保工作的准确性和高效性。

（三）职业角色适应

1. 从学生到职场人的心态转变

大学生需要摒弃学生时期的一些思维和行为习惯，树立职场人的责任意识和职业精神。在工作中要学会主动承担责任，积极解决问题，而不是像在校园里那样依赖老师和家长。

2. 职业目标与规划调整

进入职场后，大学生要根据实际工作情况和自身发展，对原有的职业目标和规划进行调整和完善。了解企业的发展战略和职业晋升通道，结合自身优势和兴趣，制订合理的职业发展计划。

三、大学生职场适应过程中面临的问题

（一）理想与现实的差距

很多大学生在就业前对职场抱有过高的期望，想象中的工作环境舒适，工作内容有趣，职业发展一帆风顺。然而，进入职场后，可能会发现工作任务繁重、压力大，与理想中的工作状态相去甚远，从而产生心理落差和失落感。

（二）人际关系处理困难

职场中的人际关系较为复杂，部分大学生由于缺乏人际交往经验，不善于与同事和领导沟通交流，容易在工作中产生误解和矛盾。此外，一些大学生可能过于自我，不了解团队合作的重要性，难以融入团队，影响工作的顺利开展。

（三）专业能力不足

尽管在大学期间接受了系统的专业教育，但在实际工作中，一些大学生发现自己

所学的专业知识和技能与工作需求存在一定的差距。例如，缺乏实践操作能力、创新能力和解决实际问题的能力等，这使他们在工作中常常感到力不从心。

（四）职业定位模糊

部分大学生在就业时没有明确的职业定位，对自己的优势和劣势认识不足，选择工作具有盲目性。进入职场后，容易产生迷茫感，不知道自己该往哪个方向发展，从而影响职场适应的进程。

四、促进大学生职场适应的策略

（一）高校加强就业指导与职业规划教育

1. 丰富就业指导内容和形式

高校应加强就业指导课程建设，不仅要传授求职技巧，还要增加职场适应方面的内容，如职场礼仪、人际关系处理等。同时，通过举办专题讲座、企业实习、模拟职场等多样化的活动，让大学生提前了解职场环境和工作要求。

2. 个性化职业规划辅导

开展个性化的职业规划辅导，帮助大学生进行自我评估，了解自己的兴趣、爱好、能力和价值观，结合市场需求和行业发展趋势，制订合理的职业规划。在学生就业后，持续跟踪指导，帮助他们根据职场实际情况调整职业规划。

（二）企业提供完善的入职培训与支持

1. 系统的入职培训

企业应为新入职的大学生提供全面系统的入职培训，包括企业概况、企业文化、工作流程、专业技能等方面的培训，让大学生尽快熟悉企业环境和工作内容，缩短适应期。

2. 导师制度

建立导师制度，为每个新入职的大学生配备一位经验丰富的导师。导师在工作中给予他们指导和帮助，解答他们在工作和生活中遇到的问题，帮助他们尽快融入企业团队。

（三）大学生自身积极调整与提升

1. 心态调整

大学生要以积极乐观的心态面对职场适应过程中的困难和挑战，正确认识理想与现实的差距，学会在压力中成长。遇到问题时，要及时调整心态，寻求解决办法。

2. 能力提升

不断提升自己的专业能力和综合素质，通过参加培训、学习新知识、参与实践项目等方式，弥补自身能力的不足。同时，注重培养自己的沟通能力、团队协作能力、创新能力等，提高职场竞争力。

3. 主动沟通与交流

积极主动地与同事和领导沟通交流，了解工作要求和反馈意见。学会倾听他人的建议，尊重他人的观点，建立良好的人际关系，为职场适应创造有利条件。

参考文献

[1] 周玮，晏斌，宋俊骥.大学生就业指导[M].北京：北京理工大学出版社，2024.

[2] 费兆亮，刘佳，梁阿莉.高校大学生就业指导探究[M].湘潭：湘潭大学出版社，2024.

[3] 兰琳，李军，孙玮.大学生就业指导[M].西安：西北工业大学出版社，2024.

[4] 张国琛，刘宪杰，李明智.创新创业与职业发展指导[M].大连：东北财经大学出版社，2024.

[5] 付高勤.大学生就业指导[M].长沙：湖南师范大学出版社，2024.

[6] 张涛，韩玉玲，何东亮.大学生就业指导[M].南京：东南大学出版社，2024.

[7] 麻力.大学生就业指导概论[M].西安：西安交通大学出版社，2024.

[8] 宁翔，马亚琴，赵慧敏.大学生就业指导实务[M].西安：西北工业大学出版社，2024.

[9] 邹丹.当代大学生就业指导与创新教育研究[M].沈阳：辽宁人民出版社，2024.

[10] 郝伊明，昝昊博，刘冰.新时代大学生就业指导与心理健康教育探究[M].北京：中国纺织出版社有限公司，2024.

[11] 闫洪雨，吴迪，徐生华.大学生就业指导[M].苏州：苏州大学出版社，2024.

[12] 蔡玉波，唐梦丽.大学生就业创业指导[M].西安：西安交通大学出版社，2023.

[13] 王明华.当代大学生就业与创业指导新论[M].北京：中国原子能出版社，2024.

[14] 闫红玉.大学生就业创新思维模式与实践探索[M].北京：新华出版社，2022.

[15] 尹泽西，孙立洁，朱德准.大学生就业与创业教育研究[M].北京：线装书局，2023.

[16] 刘雅，玉姝丽，陈蕾.创新创业基础与就业指导[M].北京：中国建材工业出版社，2024.

[17] 冉景亮，王静.大学生职业生涯规划与就业指导[M].重庆：重庆大学出版社，2024.

[18] 相菲，刘朝辉，吴限. 大学生职业生涯规划与就业指导 [M]. 北京：线装书局，2023.

[19] 王录军，吴旭锦. 大学生职业发展与就业指导 [M]. 北京：国家开放大学出版社，2024.

[20] 周小力，杨洪文. 大学生职业生涯规划与就业指导 [M]. 哈尔滨：哈尔滨工程大学出版社，2024.